Fédération Française de Bridge
UNIVERSITÉ DU BRIDGE

Le Système d'Enseignement Français

FEDERATION
FRANÇAISE
DE BRIDGE

ISBN 2-9513230-6-9

PRÉFACE

Vous avez maintenant entre les mains l'édition 2006 du SEF. La dernière version du système d'enseignement officiel de la Fédération Française de Bridge, baptisé Système d'Enseignement Français et créé en 1983, datait de 1997 et, de tous côtés, on réclamait une nouvelle version avec toilettage et innovations notamment en adoptant un système standard de signalisation.

Je tiens à remercier tous les concepteurs et réalisateurs de cet ouvrage, des responsables de l'Université du Bridge à tous les membres de la Commission Pédagogique Nationale qui regroupe sous la direction de Philippe Cronier tous les Animateurs Pédagogiques Régionaux et nombre de professeurs et théoriciens de haut niveau. Ils ont effectué un énorme travail pour un résultat enthousiasmant.

À travers toutes les particularités régionales et les préférences marquées si ce n'est les convictions de tel ou tel, ils ont réussi à dégager un consensus durable et utilisable sans trop de difficulté mais avec efficacité par la majorité des bridgeurs français.

Il n'est jamais venu à l'esprit d'aucun dirigeant l'idée saugrenue de faire jouer à tous le même système ! Simplement si un joueur veut poursuivre un enseignement dans un autre club, veut communiquer facilement avec le maximum de partenaires sans avoir besoin d'une lourde mise au point, il est indispensable qu'il ait à sa disposition un outil standardisé.

Dans la pratique, de système d'enseignement, le SEF devient alors tout naturellement le système de référence français et la réussite est totale.

Ce document doit être bien sûr immédiatement la bible de tous les élèves de nos Écoles de Bridge et il doit constituer en même temps l'ouvrage de référence de tous les joueurs français.

Le SEF nouveau est certainement appelé à devenir prochainement le Système d'Enseignement Européen et pourquoi pas, rêvons un peu, le Système d'Enseignement Universel...

Maurice PANIS
Président de la FFB
septembre 2006

Introduction : l'évaluation des mains

LES DIFFÉRENTS TYPES DE MAIN

Les mains sont classées selon leur distribution dans l'une des quatre catégories suivantes :

Les mains régulières

Elles ne comportent ni chicane, ni singleton et au maximum un doubleton (mains 4-3-3-3, 4-4-3-2, 5-3-3-2).

Les mains unicolores

Elles comportent une couleur au moins sixième et pas d'autre couleur au moins quatrième.

Les mains bicolores

Elles comportent une couleur au moins cinquième et une seule autre couleur au moins quatrième.

Les mains tricolores

Distributions 5-4-4-0 ou 4-4-4-1.

L'ÉVALUATION EN POINTS

1. Évaluation a priori

Une main s'évalue d'abord a priori, c'est-à-dire telle qu'elle est distribuée. Les critères d'évaluation sont les points d'honneurs (pts H) et les points de longueur (pts L). Une main s'évaluera ainsi en points HL.

Les points d'honneurs (pts H)

As = 4 Roi = 3 Dame = 2 Valet = 1

Les points de longueur (pts L)

On ajoutera 1 point par carte à partir de la cinquième.

Compléments d'évaluation

On attribue une plus-value ou une moins-value à une main, compte tenu de la qualité de ses couleurs. C'est ainsi qu'on revalorisera (1 pt) une main riche d'au moins cinq (As-10), c'est-à-dire comportant trois As et deux 10, ou quatre As et un 10, etc., ou une main comportant une concentration d'honneurs dans les couleurs longues. En revanche, il conviendra de dévaluer (-1 pt) des mains comportant un honneur sec ou un mariage sec (RD secs, RV secs, DV secs, etc.).

2. Évaluation a posteriori

En fonction de la connaissance d'un fit avec le partenaire, on pourra réévaluer une main, ou la dévaluer en cas de misfit. Cette nouvelle évaluation tiendra compte, outre des points HL, des points de distribution (pts D). L'évaluation totale de la main s'effectue donc en points HLD. Les points D s'évaluent ainsi :

- 3 points D pour une chicane
- 2 points D pour un singleton
- 1 point D pour un doubleton
- 2 points D pour le neuvième atout dans le camp, 1 point par atout à partir du dixième.

LES AUTRES MODES D'ÉVALUATION

1. Les levées de jeu

C'est la somme des levées d'honneur et des levées de longueur. L'As compte pour une levée, le Roi pour 1/2 levée, le groupement As-Dame pour une levée et demie. Dans les couleurs longues, on compte une levée par carte à partir de la cinquième. La quatrième carte voit sa valeur s'accroître avec le nombre de cartes de la couleur. Dans le cadre de couleurs quatrièmes ou cinquièmes, elle vaut 1/2 levée. Pour des couleurs plus longues, elle compte pour une levée.

2. Les perdantes

Le nombre de perdantes d'une main s'évalue comme suit : il y a au maximum trois perdantes par couleur ; on compte une perdante par gros honneur manquant.

Première partie : les enchères à deux

L'OUVERTURE

Elle est obligatoire à partir de 12 points H (sauf moins value notoire ex : 4-3-3-3 sans As), ou avec des mains de 13 points HL comportant au moins 10 points H. Pour les mains de type bicolore, on pourra retenir comme critère d'ouverture en première et deuxième position, si la main comporte moins de 12 points H, la règle des 20 : les points H doivent être concentrés dans les couleurs du bicolore et le total des points H et du nombre de cartes du bicolore doit atteindre 20.

La base du système est la majeure cinquième.

1. Les ouvertures précises

Elles donnent des renseignements précis à la fois sur la force et la distribution.

1.1. L'ouverture de 1SA

De 15 à 17 points H (15 H sauf moins value notoire), main régulière sans majeure cinquième.

1.2. L'ouverture de 2SA

20 ou 21 points H, main régulière sans majeure cinquième convenable.

1.3. L'ouverture de 2♥ ou 2♠

Elle montre une couleur de six cartes d'une force inférieure à une valeur d'ouverture (minimum 6 pts H). La couleur est de belle qualité et la main ne comporte pas plus d'une levée de défense dans les autres couleurs ; elle peut comporter une mineure quatrième annexe.

1.4. Les ouvertures de barrage

Leur force est limitée à un maximum de 10 points H. La main, qui ne comporte jamais deux As, présente une valeur de 5 1/2 à 8 levées de jeu, dépendante du palier et de la vulnérabilité.

- Au palier de 3, elles montrent une bonne couleur septième. En mineure, celle-ci sera commandée au minimum par deux gros honneurs.
- Au palier de 4 en mineure, elles montrent une couleur huitième non maîtresse et un nombre de levées de jeu dépendant de la vulnérabilité.
- Au palier de 4 en majeure, elles montrent une couleur huitième (éventuellement une main 7-4) et 6 1/2 à 8 levées de jeu selon la vulnérabilité.
- L'ouverture de 3SA décrit une couleur mineure septième affranchie avec au plus une Dame dans une couleur annexe.

Ces critères peuvent être assouplis et modifiés pour une ouverture en troisième ou quatrième position.

2. Les ouvertures ambiguës

2.1. L'ouverture de 2♣ «Fort indéterminé»

C'est une ouverture artificielle, forcing un tour, décrivant soit un unicolore indéterminé dans la zone 20-23 points HL (8 à 9 levées de jeu), soit une main régulière de 22-23 H, soit enfin un fort bicolore majeur [1]. Elle remplace, entre autres, les ouvertures de 2 fort du système d'initiation «Bridge Français».

2.2. L'ouverture de 2♦ «Forcing de manche»

C'est une ouverture artificielle, forcing de manche. Elle s'utilise, quelle que soit la distribution, avec une force égale ou supérieure à 24 points HL (ou, dans le cadre de mains unicolores; avec la manche à une levée près). Elle remplace l'ouverture de 2♣ Albarran du système d'initiation «Bridge Français».

2.3. L'ouverture de 1 à la couleur

Elle doit être utilisée, chaque fois qu'une ouverture précise n'est pas possible, dans la zone 12 H/13 HL à 23 HL.

- On ouvre de sa couleur la plus longue, avec un minimum de cinq cartes pour l'ouverture de 1♥ ou 1♠.

---

1 Voir «Réponses et développements».

- On ouvre de la mineure la plus longue si on ne possède pas de majeure cinquième.
  - Avec trois cartes dans chaque mineure, on ouvre de 1♣.
  - Avec quatre cartes dans chaque mineure, on ouvre de 1♦.
  - Les bicolores 5-5 s'ouvrent de la couleur la plus chère, à l'exception des bicolores 5-5 Pique-Trèfle qui s'ouvrent de 1♣ à partir de 14 points H.

LES RÉPONSES

1. Réponse à l'ouverture en majeure

1.1. Les enchères garantissant le fit

1.1.1. Les enchères de soutien direct

Elles sont non forcing :

- Le soutien simple (1♥ - 2♥) montre de 6 à 10 points HLD avec au moins trois cartes.
- Le soutien à saut (1♠ - 3♠) montre 11-12 points HLD avec au moins quatre cartes.
- Le soutien direct à la manche (1♥ - 4♥) montre 13-15 points HLD avec un maximum de 11 points H et au moins quatre cartes.

Quand ils sont possibles, ces soutiens majeurs sont prioritaires à toute autre enchère. Toute main fittée d'au moins 16 points HLD se traite obligatoirement par un changement de couleur.

1.1.2. La réponse de 2SA

Elle indique un fit d'exactement trois cartes et 11-12 points HLD.

1.2. Les changements de couleur

Tous les changements de couleur sont forcing quand le répondant n'a pas passé d'entrée. Ils promettent en principe quatre cartes de la couleur annoncée, mais les contraintes du système peuvent quelquefois amener à annoncer une nouvelle couleur de trois cartes seulement. La force garantie par un changement de couleur dépend du palier atteint.

- Au palier de 1 : au moins 6 points HL, forcing un tour.
- Au palier de 2 sans saut : au moins 11 points H ou 12 HL et au moins quatre cartes. Le changement de couleur au palier de 2 sans saut est auto-forcing, ce qui signifie que le répondant s'engage à reparler une fois sur la redemande de l'ouvreur si la manche n'est pas atteinte.

Choix de la couleur de réponse :

- Avec deux couleurs au moins quatrièmes, on annonce la plus longue si les conditions de force le permettent. En particulier, avec une mineure cinquième au moins et une majeure annonçable au palier de 1 exactement quatrième, on n'annoncera la mineure qu'à partir de 13 points HL.

- Si les deux couleurs sont quatrièmes, on annonce celle qui élève le moins le palier des enchères (la plus économique).
- Si les deux couleurs sont cinquièmes, on annonce la plus chère.

En conséquence de ce qui précède, la réponse de 2♥ sur 1♠ indique au moins cinq cartes.

- Avec saut : au moins 18 points HL, unicolore. La couleur, au moins sixième, doit comporter au moins deux gros honneurs. Ce changement de couleur à saut, qui est une enchère rare, est évidemment forcing de manche.

1.3. La réponse de 3SA

Elle montre (12) 13-14 points HL sans bonne couleur cinquième, sans fit, et dénie quatre cartes dans l'autre majeure.

1.4. La réponse de 1SA

Elle indique au moins 6 points HL, un maximum de 10 points H, et une main avec laquelle un soutien est impossible, ainsi qu'un changement de couleur.

2. Réponse à l'ouverture mineure

Les réponses possibles ont un sens très voisin de celui qu'elles possèdent sur une ouverture majeure. C'est l'ordre de priorité qui change, et il suit l'ordre de présentation ci-dessous.

2.1. Les changements de couleur

2.1.1. Changement de couleur 1 sur 1

Au moins 5 points HL, au moins quatre cartes.
Cette enchère est illimitée et donc forcing pour un tour.

Choix de la couleur de réponse :

Le répondant doit nommer sa couleur la plus longue. À égalité de longueur :

- avec plusieurs couleurs de quatre cartes, celle qui élève le

moins le palier des enchères (la plus économique).
Cas particulier : sur l'ouverture de 1♣, avec quatre cartes à Carreau et quatre cartes dans une majeure, on privilégiera l'annonce de la couleur majeure avec des mains de moins de 13 points d'honneurs.

- Avec deux couleurs de cinq cartes, la plus chère.
- **2♣ sur 1♦** garantit au moins 12 points HL, et ce changement de couleur est auto-forcing.

2.1.2. Changement de couleur à saut

Au moins 18 HL, unicolore comportant au minimum deux gros honneurs, forcing de manche.

2.2. Les réponses à Sans-Atout

Enchères limitées, non forcing. Toute réponse directe à Sans-Atout dénie une majeure quatrième.

- 1SA= 6-10 points HL sur 1♦, 8-10 points HL sur 1♣
- 2SA= 11 (12) points HL, main régulière
- 3SA= (12) 13-14 points HL, main régulière

2.3. Les soutiens en mineure

Ces enchères ne seront utilisées qu'avec un complément d'au moins cinq cartes, dans une main irrégulière sans majeure quatrième ou plus.

- avec 6-10 points HLD : soutien au palier de 2 (exceptionnellement quatre cartes sur l'ouverture de 1♦).
- avec 11-12 points HLD : soutien au palier de 3.

3. Réponse à l'ouverture de 1SA

Le répondant utilisera, dans un ordre de priorité, les réponses suivantes :

3.1. Le 2♣ Stayman

Enchère conventionnelle qui est utilisée pour demander à l'ouvreur de 1SA s'il possède une ou deux majeures quatrièmes.
Conditions d'emploi : au moins 8 points HL, au moins une ma-

jeure de quatre cartes exactement. Le Stayman est donc utilisé aussi avec des 5-4 majeurs à partir de 8 points HL.

Réponses au Stayman :

- 2♦ = pas de majeure quatrième
- 2♥ = quatre cartes à Cœur sans quatre cartes à Pique
- 2♠ = quatre cartes à Pique sans quatre cartes à Cœur
- 2SA = les deux majeures quatrièmes

Développements :

➪ Le soutien au palier de 3 d'une couleur majeure annoncée par l'ouvreur est non forcing ; par exemple :

ouvreur	répondant		ouvreur	répondant
1SA	2♣	ou	1SA	2♣
2♥	3♥		2SA	3♠

Ces deux enchères sont non forcing.

➪ L'annonce d'une nouvelle couleur au palier de 3 est forcing de manche.

➪ L'annonce d'une couleur mineure est naturelle, et montre donc en principe un bicolore composé de la mineure annoncée (au moins cinquième) et d'une majeure quatrième.

➪ Après la réponse de 2♦, l'annonce d'une couleur majeure au palier de 3 correspond à la convention «chassé-croisé». Elle indique :

- quatre cartes dans la couleur annoncée
- cinq cartes dans l'autre majeure.

Ainsi la séquence

ouvreur	répondant
1SA	2♣
2♦	3♥

montre-t-elle cinq Piques et quatre Cœurs, dans un jeu forcing de manche.

➪ L'annonce d'une nouvelle couleur au palier de 2 est naturelle et non forcing.

➪ Après la réponse de 2♦, les enchères de 2♥ et de 2♠ montrent cinq cartes dans la couleur annoncée et de quoi proposer la manche, peut-être avec quatre cartes dans l'autre majeure.

Après la réponse de 2♥, 2♠ montre cinq cartes à Pique sans quatre cartes à Cœur.

3.2. Le Texas

Cette convention est utilisée en réponse à l'ouverture de 1SA pour exprimer artificiellement une couleur au moins cinquième.
Pour exprimer sa couleur longue, le répondant nomme la couleur inférieure, ce qui permet à l'ouvreur de nommer la couleur spécifiée.

Texas pour les majeures :

- 2♦ = Texas pour les Cœurs
- 2♥ = Texas pour les Piques

Texas pour les mineures :

- 2♠ = Texas pour les Trèfles
- 3♣ = Texas pour les Carreaux

Conditions d'emploi :

- en majeure : cinq cartes au moins sans indication de force à partir de 0 point.
- en mineure :
  - six cartes au moins dans la zone 0-7 HL.
  - cinq cartes et plus à partir de 9 points HL avec un singleton dans une couleur annexe ou des ambitions de chelem.

Remarque : avec 8 points HL, on répondra 2SA, comme avec une main régulière.

3.3. Les autres enchères

Avec une main régulière

- de 0 à 7 points HL = passe
- avec 8 points HL = 2SA
- de 9 à 15 points HL = 3SA
- avec 16-17 points HL = 4SA (quantitatif)

Avec des belles couleurs au moins sixièmes

- à partir de 14 HL : 3♦, 3♥ ou 3♠ (enchères naturelles).
- les réponses de 4♥ et 4♠ sont naturelles. Ce sont des enchères de conclusion que le répondant utilisera s'il pense devoir protéger sa main.

Avec un bicolore majeur 5-5 de manche

- 4♦ : l'ouvreur nomme la manche dans la majeure qu'il préfère.

4. Réponse à l'ouverture de 2SA

Le répondant utilisera les mêmes réponses que sur 1SA, mais décalées d'un palier :

- 3♣ = Stayman
- 3♦ = Texas pour les Cœurs
- 3♥ = Texas pour les Piques
- 3♠ = Texas pour les Trèfles
- 3SA = pour les jouer
- 4♣ = Texas pour les Carreaux
- 4♦ = bicolore majeur 5-5 limité à la manche
- 4♥ = enchère naturelle, conclusion
- 4♠ = enchère naturelle, conclusion
- 4SA = enchère quantitative

Réponses au Stayman

- 3♦ = pas de majeure quatrième
- 3♥ = quatre cartes à Cœur sans quatre cartes à Pique
- 3♠ = quatre cartes à Pique sans quatre cartes à Cœur
- 3SA = les deux majeures quatrièmes

Développements

- L'annonce d'une nouvelle couleur au palier de 4 par le répondant après un Stayman ou un Texas montre une ambition de chelem.
- Après la réponse de 3♦ au Stayman, le répondant annonce 3♥ pour indiquer cinq Piques et quatre Cœurs, 3♠ pour indiquer cinq Cœurs et quatre Piques (chassé-croisé).

5. Réponse à l'ouverture de 2♣ fort indéterminé

2♦ est un relais de force et de distribution ambiguës.
Les réponses à partir de 2♥ et au delà seront à préciser entre partenaires.

Développements après la réponse de 2♦

ouvreur	répondant
2♣	2♦

- 2♥ = fort à Cœur, 20-23 points HL, six cartes, 8 à 8 1/2 levées de jeu, ou cinq cartes avec 22-23 points HL (main 5-4 possible).
- 2♠ = idem avec les Piques.
- 2SA = 22-23 points H, main régulière.
- 3♣, 3♦, 3♥, 3♠ = couleur septième, 8 levées de jeu en majeure, 9 levées de jeu en mineure.
- 3SA = bicolore majeur au moins 5-5, belles couleurs, 18-21 points H.

6. Réponse à l'ouverture de 2♦ forcing de manche

- 2♥ = 0 à 7 points H, pas d'As
- 2♠ = un As majeur
- 2SA = 8 points H et plus ou deux Rois
- 3♣ = l'As de Trèfle
- 3♦ = l'As de Carreau
- 3SA = deux As

L'ouvreur poursuit d'une manière naturelle, annonce des couleurs au moins cinquièmes. Les sauts à la manche sont des arrêts.

7. Réponse à l'ouverture de 2♥ et 2♠

7.1. Enchère de soutien

C'est un prolongement du barrage à la discrétion du répondant. C'est une enchère d'arrêt.

7.2. Changement de couleur

Impératif pour un tour, naturel avec une bonne couleur cinquième ou plus, main de 16 points HL ou plus, présomption de misfit.

7.3. L'enchère de 3SA

Enchère de conclusion.

7.4. L'enchère de 2SA

C'est un relais forcing, main de 15 points HLD et plus constituant une exploration pour la manche ou le chelem.

Développements après la réponse de 2SA

ouvreur	répondant
2♥/♠	2SA

- répétition de la majeure = minimum, non forcing.
- nouvelle couleur au palier de 3 = force d'honneur annexe, main non minimum.
- 3SA = maximum sans singleton, sans force d'honneur annexe.
- nouvelle couleur au palier de 4 = maximum, courte dans la couleur, sans As ou Roi annexes.

Attention !!!

ouvreur	répondant	
2♥	2SA	
4♥		= courte à Pique

LA REDEMANDE DE L'OUVREUR

1. Après un changement de couleur au palier de 1

1.1. Soutien de la couleur du répondant

Non forcing, ce soutien promet quatre cartes. Il est prioritaire s'il s'agit d'une majeure :

- soutien au palier de 2 = 13-16 HLD
- soutien au palier de 3 = 17-19 HLD, main irrégulière
- enchère de 3SA = 18-19 H, main régulière
- soutien au palier de 4 en majeure = 20-23 HLD

1.2. Annonce d'une nouvelle couleur au palier de 1

Enchère prioritaire en l'absence de fit, elle doit être préférée à la redemande à 2SA avec 18 ou 19 points H et une main régulière ; elle ne donne pas de précision sur la distribution de l'ouvreur. Main de 12 à 19 HL.

1.3. Redemande à Sans-Atout

Main régulière sans fit et sans majeure que l'on peut annoncer au palier de 1

- 1SA = 12-14 H
- 2SA = 18-19 H

NB : on admettra la redemande de 1SA avec certaines mains 5-4-2-2, exceptionnellement 4-4-4-1, singleton Pique, après le début de séquence 1m-1♠.

1.4. Répétition de la couleur d'ouverture

Cette répétition garantit toujours une distribution irrégulière. Si elle est effectuée sans saut, elle ne promet pas obligatoirement six cartes.

➺ La redemande simple montre un jeu de la zone 13-17 HL. Elle ne garantit six cartes que si la réponse est la couleur collée à l'ouverture.

Exemple :	**ouvreur**	**répondant**
	1♦	1♥
	2♦	= 13-17 HL, six cartes

- La redemande à saut garantit toujours au moins six cartes (belle couleur en mineure), dans le cadre d'un jeu unicolore de 17 à 19 points HL.

Exemple :	**ouvreur**	**répondant**
	1♦	1♠
	3♦	= 17-19 HL, six cartes

1.5. Annonce d'une deuxième couleur au palier de 2 ou plus

1.5.1. Bicolore économique

L'expression du bicolore est économique quand l'annonce de la deuxième couleur ne dépasse pas le niveau de la répétition simple de la première. Elle montre une main de 12 à 19 HL.

Exemple :	**ouvreur**	**répondant**
	1♥	1♠
	2♦	

L'expression d'un bicolore économique est non forcing.

1.5.2. Bicolore économique à saut

Main de 20 à 23 HL

Avec une telle force, l'expression d'un bicolore économique simple n'est plus possible, non plus que l'annonce d'une nouvelle couleur au palier de 1.

L'ouvreur est donc contraint d'annoncer la deuxième couleur par une enchère à saut.

Exemple :	**ouvreur**	**répondant**	**ouvreur**	**répondant**
	1♥	1♠	1♦	1♥
	3♦		2♠	

L'expression d'un bicolore à saut est forcing de manche.

1.5.3. Bicolore cher

L'expression du bicolore est chère quand l'annonce sans saut de la deuxième couleur dépasse le niveau de la répétition de la première. Main de 18 à 23 HL et plus.

Exemple : **ouvreur** **répondant**

1♣ 1♠

2♦

L'expression d'un bicolore cher est auto-forcing.

Remarques :

- Le bicolore cher à saut n'existe pas.
- Les jeux bicolores qui ne pourront pas s'exprimer en fonction des zones décrites se traiteront comme des mains unicolores (ou régulières, sans singleton, dans la zone 12-15 HL).
- Après le début de séquence 1♥ - 1♠, les mains régulières de 15 à 17 points H comportant cinq Cœurs seront traitées comme des mains bicolores. De ce fait, les séquences

ouvreur **répondant**

1♥ 1♠

2♣ ou 2♦

peuvent provenir d'une couleur troisième si l'ouvreur possède un jeu régulier de la zone 15-17 H.

2. Après un changement de couleur 2 sur 1 sans saut

2.1. Soutien

- Soutien d'une mineure au palier de 3 = quatre cartes, main bicolore de 15 à 19 HLD. Ce soutien n'est pas l'indication d'un surcroît de force de l'ouvreur et peut donc provenir d'une main minimum.
- Soutien d'une mineure au palier de 4 = 5-5, belle main, espoir de chelem.

Développements après la séquence 1♠ - 2♥

ouvreur **répondant**

1♠ 2♥

- 3♥ = au moins trois cartes 15-19 HLD *
- 4♥ = quatre cartes, 17-19 points HLD (12-14 H)

* Avec des mains de 13-14 points HLD, l'ouvreur demande d'abord 2♠ puis 3♥ (non forcing) sur 2SA :

ouvreur	répondant	
1♠	2♥	
2♠	2SA	
3♥		= trois cartes, 13-14 HLD, NF

2.2. Annonce d'une nouvelle couleur

- bicolore économique : 13-19 HL
- bicolore cher : 18 HL et plus
- bicolore à saut au palier de 3 : à partir de 20 HL

2.3. Redemandes à Sans-Atout

Elles indiquent des mains régulières.

ouvreur	répondant	
1♦	2♣	
2SA		= 12-14 H

ouvreur	répondant	
1M	2x	
2SA		= 15-17 H

ouvreur	répondant	
1x	2y	(avec y < x)
3SA		= 18-19 H

2.4. Répétition de la couleur d'ouverture

➾ Sans saut :

- soit main régulière 12-14 H
- soit bicolore inexprimable
- soit main unicolore 13-17 HL

Remarque : la séquence 1♦ - 2♣ - 2SA indiquant de 12 à 14 points HL, la répétition à 2♦ montre que cette enchère de 2SA est impossible.

➾ À saut au palier de 3 : à partir de 17 HL, six belles cartes.

3. Après une réponse à Sans-Atout

3.1. Après la réponse de 1SA

Mêmes principes de développement qu'après un changement de couleur au palier de 1, sauf avec des mains régulières :

- 12-15 HL = Passe
- 18-19 HL = 2SA
- 19-20 HL = 3SA
- dans la zone 16-17 HL, après ouverture en majeure, on nommera la mineure de trois cartes la plus économique.

Remarques :

ouvreur	répondant	
1m	1SA	
2SA		= 16-17 HL, main irrégulière, singleton dans l'autre mineure.

ouvreur	répondant	
1m	1SA	
3SA		= 18-19 HL, main régulière.

L'annonce par l'ouvreur d'un bicolore cher est forcing de manche et garantit une distribution au moins 5-4.

Exemple :

ouvreur	répondant	
1♦	1SA	
2♥		= forcing de manche

Cas particulier :

ouvreur	répondant
1♣	1SA
2♠	

recouvre deux situations :

a) la situation précédente

b) la description d'un bicolore 5-5 noir de 14 H et plus. Cette annonce n'est plus forcing que pour un tour.

3.2. Après une réponse naturelle à Sans-Atout avec saut

- La répétition de la couleur d'ouverture est un arrêt.

ouvreur	répondant	
1m	2SA	
3m		= six cartes, arrêt

- L'annonce d'une seconde couleur est forcing, sauf la séquence

ouvreur	répondant	
1♠	3SA	
4♥		= 5-5

- L'enchère de 4SA est quantitative.

ouvreur	répondant	
1m	3SA	
4SA		= 19-20 HL

4. Après une enchère garantissant le fit

4.1. En majeure

4.1.1. Après un soutien direct

- Au palier de 2
  - L'enchère au palier de 3 dans la couleur commune est un barrage.
  - 2SA est une enchère d'essai généralisée forcing un tour.
    Le répondant revient au palier de 3 avec un soutien minimum, annonce une force au palier de 3 avec un soutien non minimum, conclut à la manche en majeure avec un soutien maximum ou propose 3SA.
  - L'annonce d'une nouvelle couleur au palier de 3 est une enchère naturelle ou semi naturelle demandant un complément dans la couleur pour jouer la manche.
- À un palier supérieur
  - L'annonce d'une nouvelle couleur par l'ouvreur est un contrôle.

4.1.2. Après un saut à 2SA

- Les retours de l'ouvreur dans sa couleur d'ouverture, au palier de 3 ou de 4, sont des arrêts.

ouvreur	répondant	
1♥	2SA	
3♥		= Stop

➾ L'annonce par l'ouvreur d'une nouvelle couleur au palier de 3 est une enchère naturelle qui montre des ambitions de chelem.

NB : On peut convenir que la nomination de l'autre majeure au palier de 3 est avant tout une enchère de recherche de meilleure manche :

ouvreur	répondant
1♠	2SA
3♥	= naturel et forcing, au moins quatre cartes à Cœur. Le répondant peut soutenir à 4♥ avec quatre ou cinq cartes.

4.2. En mineure

➾ Au palier de 2
- L'enchère au palier de 3 dans la couleur commune est un barrage.
- 2SA est une proposition, enchère naturelle et non forcing.
- 3SA est un arrêt.
- Toute nouvelle couleur de l'ouvreur est une proposition de manche. Dans un premier temps, le répondant la comprendra comme une force destinée à établir le contrat de 3SA.

➾ Après un soutien initial au palier de 3, les développements suivent les mêmes principes.

LA DEUXIÈME ENCHÈRE DU RÉPONDANT

1. L'ouvreur a exprimé un soutien pour la couleur du répondant

1.1. La couleur commune est majeure

La nature du contrat final est en principe fixée, mais il reste à en choisir la hauteur. Cette couleur a été proposée par le répondant :

1.1.1. Au palier de 1

Le répondant n'a garanti que quatre cartes dans la couleur et à partir de 5 ou 6 points HL.
L'ouvreur a soutenu :

- Au palier de 2 (13 à 16 HLD)
  le répondant :
  - passe sans espoir de manche.
  - fait une proposition de manche, forcing pour l'ouvreur, soit en nommant 2SA, soit en annonçant une nouvelle couleur sans saut.
  - nomme la manche à partir de 13 HLD.
  - soutient l'ouverture au palier de 3. Ce double fit est forcing.
- Au palier de 3 (17 à 19 HLD),
  le répondant :
  - passe.
  - nomme la manche sans espoir de chelem.
  - déclenche une procédure de chelem en annonçant une nouvelle couleur au palier de 4, enchère qui constitue une enchère de contrôle.
  - déclare 4SA, Blackwood.
- Au palier de 4 (20 à 23 HLD),
  le répondant :
  - passe.
  - nomme une nouvelle couleur au palier de 5 (enchère de contrôle).
  - déclare 4SA, Blackwood.

Par l'enchère de 3SA (18 à 20 HLD régulier),
le répondant :
- passe ou nomme 4 dans la majeure commune, enchères de conclusion.
- nomme une nouvelle couleur au palier de 4 (enchère de contrôle), ou déclare 4SA, Blackwood.

1.1.2. Au palier de 2

Une seule séquence possible : 1♠ - 2♥
Le répondant a garanti au moins cinq cartes et 11 HL.
L'ouvreur a soutenu :

➪ Au palier de 3 (15 à 19 HLD),
le répondant :
- conclut à la manche en nommant 4 dans la couleur commune.
- déclenche une procédure de chelem par une autre enchère.

➪ Au palier de 4 (17 à 19 HLD),
le répondant :
- passe.
- déclenche une procédure de chelem avec une force convenable.

1.2. La couleur commune est mineure

La nature du contrat final n'est pas encore définitivement fixée, il reste encore à explorer la possibilité de jouer 3SA et à fixer la hauteur du contrat retenu.
Cette couleur a été proposée par le répondant :

1.2.1. Au palier de 1

Une seule séquence possible : 1♣ - 1♦
En soutenant les Carreaux, l'ouvreur dénie une majeure quatrième.

➪ Au palier de 2 (13 à 16 HLD),
le répondant :
- nomme 3♦, barrage.
- déclare 2SA ou 3SA avec la force et les arrêts convenables.

- nomme une nouvelle couleur (montrant un arrêt), ce qui doit être compris d'abord comme une proposition de jouer 3SA, avec la tenue dans la couleur annoncée.

➾ Au palier de 3 (17 à 19 HLD),
le répondant :
- déclare 3SA.
- nomme une nouvelle couleur dans le but de jouer 3SA.

1.2.2. Au palier de 2

L'ouvreur a soutenu :

➾ Au palier de 3 : la séquence est forcing de manche.
le répondant :
- déclare 3SA pour les jouer.
- nomme une nouvelle couleur dans le but de jouer 3SA.
- déclare 4 dans la couleur commune, ce qui déclenche une procédure de chelem.
- soutient la majeure d'ouverture, soit au palier de 3, enchère forcing et illimitée (recherche de chelem), soit au palier de 4, sans grand espoir de chelem (13-14 HLD).

➾ Au palier de 4, ce qui constitue le déclenchement d'une procédure de chelem.

2. L'ouvreur a fait une redemande faible ou ambiguë

2.1. Les enchères constantes

Quelles que soient les trois premières enchères de la séquence, le répondant dispose d'une série d'enchères dont la signification est toujours la même :

2.1.1. Les enchères de 2SA et 3SA

Ces enchères, non forcing, expriment la volonté de jouer à Sans-Atout en l'état actuel des renseignements fournis par l'ouvreur.
- 2SA montre toujours 11 ou 12 points HL.
- 3SA montre de 13 à 15 points HL.

Dans le cas où l'ouvreur n'a pas garanti une main régulière, ces enchères promettent la tenue de la (ou des) couleur(s) non annoncée(s). A l'inverse d'une réponse naturelle directe à Sans-Atout, elles ne garantissent pas une main régulière.

2.1.2. La répétition de la couleur du répondant

Cette enchère est toujours non forcing, même avec saut.
Elle montre toujours au moins six cartes dans la couleur, et une force qui varie en fonction du palier employé :

- au palier de 2 : de 6 à 10 points HL (parfois 5 cartes)
- au palier de 3 : de 11 à 12 points HL
- au palier de 4 en majeure : de 13 à 15 points HL.

2.1.3. Le soutien d'une majeure à hauteur de la manche.

Quand l'ouvreur a annoncé une couleur majeure au premier ou au second tour d'enchères, le soutien au niveau de la manche par le répondant montre toujours une force de 13 à 15 points HLD. Le nombre de cartes promis dépend du nombre de cartes qu'a garanti l'ouvreur. Cette enchère est évidemment non forcing, mais n'interdit pas à l'ouvreur de reparler, en particulier si sa force reste indéfinie.

2.1.4. Le soutien à saut de la mineure d'ouverture

Ce soutien est toujours forcing de manche et promet donc un minimum de 13 points HL. Il garantit aussi un minimum de quatre cartes dans la mineure de l'ouvreur, et exprime un jeu irrégulier.

2.1.5. L'annonce d'une nouvelle couleur à saut ou en bicolore cher

Une telle enchère est toujours forcing de manche, et promet un minimum de 13 points HL. Elle décrit en principe un jeu bicolore, la première couleur annoncée par le répondant étant au moins cinquième. Ce principe appelle cependant quelques remarques.

La longueur des deux couleurs du répondant n'est pas toujours une certitude. En particulier, la deuxième couleur n'est pas nécessairement une véritable couleur quatrième, dans le cas où le répondant veut obtenir un fit différé dans sa première couleur cinquième et n'a pas d'autre enchère forcing à sa disposition.

Exemple :	**ouvreur**	**répondant**
	1♦	1♥
	2♦	2♠

Il n'est pas indispensable de posséder quatre Piques pour une telle enchère. Pire encore, il n'est pas certain que le répondant possède cinq Cœurs, une absence de tenue à Trèfle pouvant lui interdire d'annoncer les Sans-Atout.

Dans les cas où le bicolore économique correspondant serait déjà forcing, l'annonce du bicolore à saut du répondant montre un bicolore 5-5.
Deux situations :
- l'annonce de la quatrième couleur à saut

Exemple :	**ouvreur**	**répondant**
	1♣	1♥
	1♠	3♦

2♦, quatrième couleur forcing, obligerait déjà l'ouvreur à reparler (cf p. 41).

- le bicolore à saut après la répétition de la mineure de l'ouvreur

Exemple :	**ouvreur**	**répondant**
	1♣	1♠
	2♣	3♥

2♥ est déjà forcing (voir plus bas p. 36), donc 3♥ montre un 5-5.

2.2. Après la redemande à 1SA

Exemple :	**ouvreur**	**répondant**
	1♣	1♠
	1SA	

2.2.1. 2♣, le Roudi fixe

Après la redemande à 1SA, et quelle que soit l'ouverture et une réponse au palier de 1 en majeure, l'enchère de 2♣ est artificielle, indiquant au moins un espoir de manche. Le but principal de cette convention, appelée le Roudi fixe, est de découvrir le fit 5 et 3 dans la majeure du répondant. Elle permet aussi de régler d'autres questions.

Sur cette enchère de 2♣, l'ouvreur est obligé de répondre 2♦. Toutes les enchères au palier de 2 du répondant correspondent alors à une tentative de manche.

Exemple :

ouvreur	répondant
1♣	1♠
1SA	2♣
2♦	2SA

Proposition naturelle de manche (11-12 HL) avec cinq cartes à Pique.

ouvreur	répondant
1♣	1♠
1SA	2♣
2♦	2♥

Cinq cartes à Pique, quatre ou cinq cartes à Cœur, encourageant.

Toutes les enchères au palier de 3 après 2♦ sont forcing de manche, à une exception près.

Exemple :

ouvreur	répondant
1♣	1♠
1SA	2♣
2♦	3♠

Forcing avec six cartes à Pique, espoir de chelem.

ouvreur	répondant
1♣	1♠
1SA	2♣
2♦	3SA

L'enchère de 3SA avec cinq cartes à Pique. Si l'ouvreur possède trois cartes à Pique, il rectifie à 4♠. Sinon, il passe.

ouvreur	répondant
1♣	1♠
1SA	2♣
2♦	3♥

Au moins cinq Piques, quatre Cœurs exactement, forcing de manche.

L'exception : la répétition des Trèfles

Exemple :

ouvreur	répondant
1♣	1♠
1SA	2♣
2♦	3♣

Puisque 2♣ est une enchère artificielle, cette séquence est la seule qui permette de jouer une partielle à Trèfle. Il s'agit donc d'un arrêt.

2.2.2. Les autres enchères

L'emploi du Roudi fixe a évidemment des conséquences sur les autres enchères à la disposition du répondant. En particulier :

- Les enchères naturelles à Sans-Atout dénient cinq cartes dans la majeure de réponse.
- Le bicolore majeur annoncé économiquement ne constitue jamais une tentative de manche, mais un choix de meilleure partielle.

Exemple :

ouvreur	répondant
1♣	1♠
1SA	2♥

L'ouvreur doit se contenter de choisir entre 2♥ et 2♠.

- Les changement de couleur à saut au palier de 3 montrent des bicolores 5-5.

Exemple :

ouvreur	répondant
1♣	1♠
1SA	3♥

Cinq Piques et cinq Cœurs, forcing de manche.

- Après l'ouverture de 1♦, le soutien au palier de 2 est encourageant. Ceci constitue une exception logique à la règle du paragraphe 2.2.1. En effet, si le répondant souhaite jouer 2♦, il utilise le Roudi fixe :

ouvreur	répondant
1♦	1♠
1SA	2♣
2♦	Passe

Par conséquent, la séquence :

ouvreur	répondant
1♦	1M
1SA	2♦

est encourageante.

2.2.3. Une séquence particulière

ouvreur	répondant
1♥	1♠
1SA	

L'utilisation du Roudi fixe change la signification de la plupart des enchères, particulièrement l'expression du soutien à Cœur :

- Le retour à 2♥ est un arrêt :

ouvreur	répondant	
1♥	1♠	
1SA	2♥	Stop

- Au palier de 3, les enchères de fit à Cœur, avec ou sans Roudi, sont forcing de manche :

ouvreur	répondant
1♥	1♠
1SA	2♣
2♦	3♥

Forcing, trois cartes à Cœur.

ouvreur	répondant
1♥	1♠
1SA	3♥

Forcing de manche, espoir de chelem, au moins quatre cartes à Cœur.

2.2.4. Nota Bene

Dans le cadre d'un partenariat habituel, désireux d'une meilleure efficacité et enclin à travailler son système, il est possible d'envisager d'autres développements à partir du relais à 2♣. Le plus répandu est le Roudi constant, dont voici les principes :

- Sur 2♣, l'ouvreur donne immédiatement un renseignement sur sa force et sa distribution. Il annonce :

- 2♦ avec une ouverture minimum et deux cartes seulement dans la majeure du répondant
- 2♥ avec une ouverture minimum et trois cartes dans la majeure du répondant
- 2♠ avec une ouverture maximum et trois cartes dans la majeure du répondant
- 2SA avec une ouverture maximum et deux cartes dans la majeure du répondant

➾ À partir de chacune de ces réponses, il convient alors de préciser le caractère forcing ou non forcing des enchères du répondant, sachant que la plupart des situations est dictée par le bon sens.

➾ Enfin, les enchères du répondant qui ne transitent pas par 2♣ gardent une signification comparable à celle qui a été définie dans le cadre du Roudi fixe, à quelques exceptions, dont :

ouvreur	répondant
1♣	1♠
1SA	3♠

qui devient forcing.

2.3. Après la répétition de la mineure d'ouverture

2.3.1. L'annonce d'une nouvelle couleur après la nomination d'une majeure au palier de 1

Le principe général des enchères est qu'on ne cherche pas à améliorer une partielle. Le répondant passe dès qu'il est certain que la manche est impossible et que sa couleur longue ne mérite pas d'être répétée. Par conséquent, toute nouvelle couleur annoncée par le répondant est forcing. S'il s'agit de la couleur immédiatement supérieure à la couleur de l'ouvreur : il s'agit de la troisième couleur forcing, qui peut être employée de façon totalement artificielle. Il existe trois séquences de «troisième couleur forcing» :

ouvreur	répondant	ouvreur	répondant	ouvreur	répondant
1♣	1♥	1♦	1♠	1♣	1♠
2♣	2♦	2♦	2♥	2♣	2♦

La répétition de la mineure effectuée par l'ouvreur étant assez élastique, le répondant est amené à reparler à partir de 9-10 HL pour peu qu'un contrat de manche lui apparaisse possible, surtout s'il est fitté dans la mineure de l'ouvreur. Cette troisième couleur forcing est une enchère artificielle qui demande à l'ouvreur de se décrire. Celui-ci donne en priorité un soutien retardé avec trois cartes dans la première couleur du répondant.

La séquence :	**ouvreur**	**répondant**
	1♣	1♠
	2♣	2♥

est forcing pour un tour, et montre quatre cartes à Cœur et au moins 9-10 HL.

Au palier de 3, l'annonce d'une nouvelle couleur est forcing de manche. Si elle est effectuée avec un saut, elle montre un bicolore au moins 5-5.

2.3.2. L'annonce d'une nouvelle couleur après la nomination de l'autre mineure au premier tour

Cette situation se résume à deux débuts de séquence :

ouvreur	**répondant**	**ouvreur**	**répondant**
1♣	1♦	1♦	2♣
2♣		2♦	

Dans les deux cas, l'annonce d'une nouvelle couleur est forcing de manche.

2.3.3. Le soutien de la mineure de l'ouvreur

Le soutien au palier de 3 de la mineure répétée par l'ouvreur est une proposition de manche si le répondant a annoncé au premier tour une couleur au palier de 1.

Par exemple :

ouvreur	**répondant**
1♣	1♠
2♣	3♣

Non forcing, ne garantit pas cinq Piques mais ne les dénie pas non plus.

Après un changement de couleur à 2♣ sur l'ouverture de 1♦, le soutien ultérieur des Carreaux est forcing de manche :

ouvreur	répondant
1♦	2♣
2♦	3♦

Forcing de manche (peut-être seulement trois cartes).

2.4. Après la répétition de la majeure d'ouverture

Dès que le répondant a annoncé une couleur au palier de 2 au premier tour d'enchères, le soutien de la majeure répétée est forcing et indique des ambitions de chelem :

ouvreur	répondant
1♥	2♣
2♥	3♥

Forcing de manche, espoir de chelem, au moins 16 points HLD.

En revanche, après un changement de couleur au palier de 1, ce soutien n'est pas forcing. Une seule séquence possible :

ouvreur	répondant
1♥	1♠
2♥	3♥

La répétition des Cœurs promettant ici six cartes, le soutien proviendra en général de deux cartes seulement, et reste propositionnel.

2.5. Après la nomination par l'ouvreur d'une deuxième couleur

2.5.1. Les soutiens de la couleur d'ouverture

➾ Le retour dans la majeure d'ouverture

Ce paragraphe ne concerne que le cas où l'ouvreur, après avoir ouvert d'une majeure, annonce économiquement un bicolore au deuxième tour d'enchères.

Soit, après un changement de couleur au palier de 1, ce qui correspond au début de séquence :

ouvreur	répondant
1♥	1♠
2♣	

Si, à ce stade, le répondant revient à 2♥, il ne s'agit pas d'un soutien, mais d'une préférence : l'enchère indique la zone 6-10 H et promet exactement deux cartes à Cœur. Avec trois cartes, le répondant aurait dit 2♥ au tour précédent.

- Si le répondant soutient les Cœurs au palier de 3 :

ouvreur	**répondant**
1♥	1♠
2♣	3♥

Il montre un fit à Cœur fort (au moins 16 points HLD) et donc des ambitions de chelem.

Rappelons que le soutien à la manche :

ouvreur	**répondant**
1♥	1♠
2♣	4♥

est non forcing, et indique 13-15 HLD, des ambitions limitées à la manche en face d'un ouvreur minimum ou moyen.

- Si le répondant a commencé par un changement de couleur au palier de 2 :

ouvreur	**répondant**
1♠	2♣
2♦	

Le retour à 2♠ est là encore une préférence non forcing, provenant toujours de deux cartes (le plus souvent un honneur second) dans une main de 11-12 points HL où aucune autre enchère naturelle non forcing (2SA ou la répétition des Trèfles) n'est possible.

Le soutien à saut au palier de 3 :

ouvreur	**répondant**
1♠	2♣
2♦	3♠

est forcing de manche (16 points HLD et +) et montre un espoir de chelem.

➾ Le soutien de la mineure d'ouverture

Le soutien exprimé sans saut n'est jamais forcing et peut même constituer une préférence. Exprimé avec saut, il est toujours forcing de manche.

- L'ouvreur annonce une nouvelle couleur au palier de 1

ouvreur	répondant
1♣	1♥
1♠	2♣

ce soutien, non forcing, couvre la zone 6-12 DH. Le caractère ambigu de ce soutien amènera l'ouvreur à reparler facilement.

ouvreur	répondant
1♣	1♥
1♠	3♣

ce soutien, forcing de manche, garantit au moins quatre atouts dans une main irrégulière. Avec une main régulière, le répondant transite par une quatrième couleur forcing.

- l'ouvreur annonce un bicolore économique. Là encore, une seule séquence possible :

ouvreur	répondant
1♦	1♥
2♣	2♦

le répondant peut n'avoir que deux cartes à Carreau. Non forcing, 6-12 DH.

ouvreur	répondant
1♦	1♥
2♣	3♦

forcing de manche, au moins neuf cartes entre les Cœurs et les Carreaux.

2.5.2. Les soutiens de la deuxième couleur de l'ouvreur

➾ Si le répondant a annoncé au premier tour une couleur au palier de 1

ouvreur	répondant
1♦	1♥
1♠	

ou

ouvreur	**répondant**
1♥	1♠
2♣	

Les soutiens de la deuxième couleur de l'ouvreur sont non forcing et promettent toujours quatre cartes dans la couleur soutenue
- au palier de 2, ils indiquent de 6 à 10 points HLD
- au palier de 3, ils indiquent 11 ou 12 points HLD
- au palier de 4 (en majeure), ils indiquent de 13 à 15 points HLD

Une exception :
Le soutien à saut d'une mineure annoncée au palier de 2 par l'ouvreur est forcing de manche :

ouvreur	**répondant**
1♥	1♠
2♣	4♣

forcing de manche, en principe au moins 5-5.

➺ Si le répondant a annoncé au premier tour une couleur au palier de 2

ouvreur	**répondant**
1♠	2♣
2♥	

Les soutiens du répondant qui n'atteignent pas la manche sont forcing de manche. En majeure, il s'agit d'enchères véhiculant des ambitions de chelem :

ouvreur	**répondant**
1♠	2♣
2♥	3♥

Au moins 16 points HLD, espoir de chelem.

2.5.3. L'annonce d'une quatrième couleur

➺ Après un bicolore économique de l'ouvreur

Chaque fois que le répondant possède un jeu fort sans enchère naturelle forcing, il devra annoncer une nouvelle couleur : c'est la

quatrième couleur forcing. Il s'agit d'une enchère artificielle qui demande à l'ouvreur de se décrire.
Exemple:

ouvreur	**répondant**	**ouvreur**	**répondant**	**ouvreur**	**répondant**
1♦	1♠	1♥	1♠	1♦	1♥
2♣	2♥	2♦	3♣	1♠	2♣

➺ Quatrième couleur nommée de façon économique
Elle est auto-forcing. Dans la suite, la séquence sera forcing de manche, sauf si la troisième enchère du répondant ne dépasse pas 2SA.

Exemple 1	**ouvreur**	**répondant**	
	1♥	1♠	
	2♣	2♦	
	2♥	3♣	forcing

Le répondant est obligé de passer par la quatrième couleur forcing avant de soutenir les Trèfles de l'ouvreur en vue de jouer une manche.

Exemple 2	**ouvreur**	**répondant**
	1♥	1♠
	2♣	2♦
	2♥	2♠

On peut éventuellement en rester là, la manche n'est pas certaine, l'ouvreur ayant montré un jeu banal, et le répondant apparaissant comme ayant un jeu d'environ 11 HL avec cinq cartes à Pique.

➺ Quatrième couleur nommée de façon chère
Elle est forcing de manche sans restriction.

Exemple	**ouvreur**	**répondant**
	1♥	1♠
	2♦	3♣

on joue au moins la manche.

➺ Quatrième couleur nommée à saut
Il s'agit d'une enchère naturelle montrant un beau bicolore au moins 5-5 à partir de 12-13 HL.

Exemple	**ouvreur**	**répondant**
	1♦	1♠
	2♣	3♥

le répondant montre au moins cinq Piques et cinq Cœurs, forcing de manche.

➪ Cas particulier de la quatrième couleur à 1♠
Il s'agit de la séquence :

ouvreur	**répondant**
1♣	1♦
1♥	1♠

Le répondant a pu utiliser l'enchère de 1♠, soit naturellement avec quatre cartes, soit artificiellement comme quatrième couleur forcing. L'ouvreur se comporte comme s'il s'agissait d'une enchère naturelle, sans dépasser le palier de 3SA. La seule différence est que le répondant ne s'engage pas à reparler s'il a quatre cartes à Pique et pas plus de 10 H.

3. L'ouvreur a fait une redemande forte

3.1. Attitude du répondant après un bicolore cher de l'ouvreur

3.1.1. Après une réponse 1 sur 1

Séquence de base :

ouvreur	**répondant**
1♣	1♠
2♥	

La force globale étant au minimum de 23 HL, 2♥ est auto-forcing, mais pas forcing de manche. En conséquence, toutes les enchères du répondant sont forcing. On distinguera celles qui obligent à jouer la manche de celles qui permettent de s'arrêter à une partielle.

Les enchères qui obligent à jouer la manche

➪ Le soutien de la première couleur

ouvreur	**répondant**
1♣	1♠
2♥	3♣

Séquence montrant un minimum de 9 H ou 11 HLD avec un complément correct à l'atout : au moins un gros honneur troisième ou quatre cartes indifférentes.

NB : Ceci nous permet de noter qu'il n'y a pas de préférence naturelle faible pour la première couleur du bicolore cher.

➾ Le soutien de la deuxième couleur

ouvreur	**répondant**
1♣	1♠
2♥	3♥

Séquence indiquant au moins 11-12 HLD avec un complément à l'atout de quatre cartes convenables et, par inférence, cinq cartes ou plus à Pique. Même remarque que pour le paragraphe précédent : pas de soutien faible à 3♥.

➾ Le soutien de la première couleur avec saut

ouvreur	**répondant**
1♣	1♠
2♥	4♣

Rappelons qu'un simple soutien à 3♣ serait déjà forcing. Donc, le soutien à 4♣ sert à exprimer :

- un puissant complément à l'atout (un gros honneur quatrième),
- une main irrégulière d'au moins 14 pts HLD.

➾ La répétition avec saut

ouvreur	**répondant**
1♣	1♠
2♥	3♠

Séquence destinée à montrer une couleur au moins sixième, ne comportant pas plus d'une perdante, à partir de 12 HL.

➾ La déclaration de la dernière couleur

ouvreur	**répondant**
1♣	1♠
2♥	3♦

Cette quatrième couleur s'emploie dès que la manche est certaine (à partir de 8 pts H) sans enchère naturelle réellement satisfaisante. Elle dénie le plus souvent cinq cartes dans la première couleur du répondant. Elle sert à faire jouer les Sans-Atout par l'ouvreur. Si le répondant exprime un fit ultérieurement, il montrera des ambitions de chelem et un soutien de mauvaise qualité.

- Le saut à 3SA

ouvreur	**répondant**
1♣	1♠
2♥	3SA

Enchère précise montrant une main régulière de 10-11 pts H sans fit, sans cinq cartes dans la majeure de réponse, et des arrêts solides dans les deux couleurs non nommées par l'ouvreur.

- Le saut dans la majeure de redemande

ouvreur	**répondant**
1♣	1♠
2♥	4♥

L'enchère montre une main moyenne de 8-10 HLD avec un soutien de quatre atouts, cinq cartes à Pique par inférence, et pas ou peu d'espoir de chelem.

Les enchères permettant de s'arrêter à une partielle

- La répétition simple de la majeure

ouvreur	**répondant**
1♣	1♠
2♥	2♠

Contrairement à ce qui se passe sur un bicolore économique où la répétition garantit six cartes et une main faible (parce qu'elle est non forcing), le répondant est ici plus ou moins tenu de répéter sa majeure dès qu'elle comporte un minimum de cinq cartes dans un jeu d'une force ambiguë. Sur 2♠, l'ouvreur minimum dispose de trois enchères non forcing :

- 2SA avec l'arrêt dans la dernière couleur
- le soutien à 3♠ (au moins un honneur second)
- la répétition de la couleur d'ouverture

Toutes les autres enchères sont forcing de manche.

- Le 2SA modérateur

ouvreur	**répondant**
1♣	1♠
2♥	2SA

Hormis la répétition de la couleur du répondant, toutes les enchères étudiées sont forcing de manche. Avec un jeu faible, quand la

manche n'est pas acquise, on utilisera conventionnellement une enchère «coup de frein» : 2SA.
Cette enchère forcing sera également employée dans un sens naturel avec des jeux réguliers de 8-9 points H ou supérieurs à 11 points H (rappelons que la zone 10-11 est couverte par le saut à 3SA).

Attitude de l'ouvreur sur 2SA

Au minimum du bicolore cher (18-19 HL), l'ouvreur est tenu de répéter sa première couleur, même avec cinq cartes. Cette répétition n'est pas forcing. Toutes les autres enchères de l'ouvreur montrent au moins 20 points HL et sont forcing de manche.
Après le début de séquence :

ouvreur	**répondant**
1♣	1♠
2♥	2SA
3♣	

Le répondant :
- passe avec une préférence faible dans la couleur d'ouverture,
- revient dans la deuxième couleur au palier de 3 avec quatre atouts et une force maximale de 7-8 points HLD. Cette enchère est en principe un arrêt,
- fait une enchère naturelle à Sans-Atout en fonction de sa force.

3.1.2. Après une réponse 2 sur 1

Séquence de base :

ouvreur	**répondant**
1♦	2♣
2♥	

La force globale de l'équipe étant au moins égale à 26-27 H ou 28-29 DH, la situation devient tout naturellement forcing de manche. Par voie de conséquence, et en application des principes de base, toutes les annonces du répondant en dessous du palier de la manche sont impératives et suggestives de la dépasser. En revanche, les sauts à la manche dans l'une des couleurs nommées ou à 3SA sont plutôt décourageants et assez limités.

3.2. Attitude du répondant sur un bicolore à saut

Séquence de base :

ouvreur	répondant	
1♣	1♥	
2♠		

Ne pas confondre avec :

ouvreur	répondant	
1♣	1♠	
2♥		bicolore cher

Le bicolore de l'ouvreur avec un saut promet une force d'au moins 20 points HL. Le répondant ayant quant à lui un minimum de 5 à 6 points HL, la séquence est forcing de manche. Naturellement, la couleur d'ouverture est plus longue que celle de la redemande dans l'ordre croissant des couleurs (1♣ - 1♦ - 2♥), tandis que les deux couleurs peuvent être d'égale longueur dans l'ordre décroissant (1♥ - 2♣ - 3♦).

Toutes les enchères du répondant en dessous de la manche sont impératives, aussi bien :

- à Sans-Atout
- en fit pour l'une ou l'autre des couleurs de l'ouvreur
- en répétition de sa couleur
- dans la dernière couleur

Il n'y a pas de 2SA modérateur sur un bicolore à saut.

3.3. Attitude du répondant sur les autres redemandes fortes

Sur toutes ces redemandes, toute nouvelle enchère du répondant est forcing de manche.

3.3.1. Répétition à saut de la couleur d'ouverture

ouvreur	répondant
1♣	1♠
3♣	

3.3.2. Redemande à 2SA à saut

ouvreur	répondant
1♣	1♠
2SA	

L'annonce de l'autre mineure est conventionnellement une recherche de fit différé dans la majeure.
Le soutien de la mineure d'ouverture est naturel.
La répétition au palier de 3 de la couleur de réponse montre six cartes et un espoir de chelem.

3.3.3. Redemande à 2SA sans saut

ouvreur	**répondant**
1♠	2♦
2SA	

L'enchère de 2SA est déjà forcing de manche, compte tenu de la force garantie par chacun des deux joueurs. Dans la suite, la répétition de la couleur de réponse est forcing :

- en mineure, c'est une recherche de la meilleure manche
- en majeure, c'est une recherche de chelem

Le soutien de la majeure de l'ouvreur au palier de 3 montre un espoir de chelem.

LES ENCHÈRES APRÈS PASSE

Du fait de la force limitée du répondant, les changements de couleur au palier de 1 et au palier de 2 sans saut perdent leur caractère forcing.
En conséquence, on donne une signification artificielle à un certain nombre d'entre elles.

1. Les changements de couleur à saut

Quelle que soit l'ouverture, le saut dans une nouvelle couleur montre :

- cinq cartes convenables dans la couleur annoncée,
- quatre cartes dans l'ouverture,
- une force correspondante à un soutien au palier de 3 de l'ouverture.

Ces enchères sont forcing sur une ouverture majeure, non forcing sur une ouverture mineure.

2. Le 2♣ Drury sur l'ouverture de 1♥ ou de 1♠

Le répondant ne disposant plus de changement de couleur forcing pour différer l'expression d'un soutien de trois cartes, on a été amené à considérer l'enchère de 2♣ comme un relais forcing, appelé 2♣ Drury. Ce relais ne s'emploie qu'en l'absence d'intervention. Il s'utilise avec un minimum de 11 points DH et trois atouts, ou quatre atouts dans une main régulière.
Attention, si le répondant possède six belles cartes à Trèfle et un minimum de 8-9 points H, il commence aussi par annoncer 2♣.

Les réponses de l'ouvreur sont conventionnelles :

➾ 2♦ est une enchère ambiguë qui couvre les cas suivants :

- une ouverture faible (moins de 13 points HL),
- un bicolore comportant la majeure annoncée et les Carreaux,
- un bicolore comprenant la majeure annoncée et les Trèfles, dans une main limitée à 18 points HL,
- une main régulière de 12 à 14 points HL.

Sur 2♦, le répondant revient au palier de 2 dans la majeure commune s'il possède un fit de trois cartes, saute au palier de 3 pour montrer un fit de quatre cartes, ou répète les Trèfles si son enchère de 2♣ était naturelle. L'ouvreur avise alors en fonction de sa force.

- Les autres réponses de l'ouvreur sont naturelles et garantissent au moins l'ouverture. Elles sont forcing pour un tour.
  - La séquence 1♠ - 2♣ - 2♥ montre au moins cinq Piques et quatre Cœurs.
  - La répétition de la majeure d'ouverture montre six cartes.
  - L'enchère de 2SA, forcing de manche, montre un jeu régulier et minimum de 15 points HL.
  - 3♣ est un «bicolore cher» garantissant au moins 18 points HL.
  - 3♦, et 3♥ après l'ouverture de 1♠, montrent des bicolores au moins 5-5 d'au moins 18 points HL.

3. Conséquences de l'emploi du Drury sur les réponses à l'ouverture majeure

3.1. Les enchères de soutien à saut en majeure

Elles s'appuient toujours sur un minimum de quatre atouts au palier de 3, de cinq au palier de 4, et sont à tendance barrage.

3.2. Les enchères à Sans-Atout

Face à une ouverture en troisième (ou quatrième) position qui peut ne comporter que 9 ou 10 points H, il est dangereux de sauter à 2SA avec une main régulière de 11 points. On admet donc que la réponse de 1SA, après Passe, couvre la zone 6 - 11 points H. La réponse directe de 2SA montre un fit de quatre cartes dans l'ouverture dans une main d'au moins 11 points HLD comportant un singleton.

Si l'ouvreur veut connaître la couleur de ce singleton, il dispose d'un relais à 3♣. Le répondant se décrit alors ainsi :

- 3♦ : singleton à Carreau
- 3♥ : singleton à Cœur sur l'ouverture de 1♠, singleton à Trèfle sur l'ouverture de 1♥
- 3♠ : singleton à Pique sur l'ouverture de 1♥, singleton à Trèfle sur l'ouverture de 1♠

LES ENCHÈRES DE CHELEM

Les procédures nécessaires à la déclaration du chelem sont différentes selon qu'on envisage un contrat à Sans-Atout ou dans un atout préalablement agréé. Dans le cadre de chelem à Sans-Atout, sauf cas particulier, on procède par addition de points. C'est le domaine des enchères quantitatives.
Avant de jouer un chelem à l'atout, certaines vérifications sont indispensables : la présence de tous les contrôles dans le camp, l'assurance qu'il ne manque pas deux As, la bonne qualité de la couleur d'atout.

1. Les chelems à Sans-Atout

Les enchères quantitatives

Il faut, en principe, un minimum de 33-34 points HL dans la ligne pour que le petit chelem à Sans-Atout soit un bon pari, 36-37 points pour envisager le grand. Quand un joueur sait que l'un de ces deux totaux, ou les deux, reste possible sans pour autant être certain, il propose le chelem (petit ou grand) à son partenaire au moyen d'enchères à Sans-Atout au palier de 4 ou 5.

Exemple : après le début de séquence

ouvreur	**répondant**
1♣	1♥
1SA	

Sud a annoncé un jeu régulier de 12 H à 15 HL. Nord, qui peut souvent être certain du misfit, est en mesure d'additionner les points de son camp. Si le total ne peut pas excéder 32, il conclut à 3SA. Si ce même total est compris entre 33 et 35-36, il conclut à 6SA. En revanche, il ne peut conclure si la force combinée des deux mains peut atteindre 33 ou 37. Il dispose alors de deux enchères quantitatives :

- 4SA, non forcing, propose le petit chelem à Sans-Atout si l'ouvreur est maximum.
- 5SA, forcing, propose le grand chelem si l'ouvreur est maximum, tout en garantissant que le camp possède la force nécessaire pour jouer le petit chelem.

Dans l'exemple ci-dessus, Nord pourra annoncer 4SA avec 19 ou 20 points H(L). Il lui faudra 23 points H pour dire 5SA.
En généralisant le processus, les enchères de 4SA et 5SA, quand elles suivent une enchère à Sans-Atout du partenaire, sont toujours des enchères quantitatives. 4SA est une proposition de petit chelem, 5SA une proposition de grand chelem. Le nombre de points promis par chacune de ces deux enchères est fonction de la fourchette annoncée par le partenaire.
Remarques : Ces enchères quantitatives sont aussi employées après l'échec d'une recherche artificielle de fit, ou quand le fit n'est pas certain. Ainsi, après une réponse au Stayman ou une rectification simple d'un Texas, les enchères de 4SA et 5SA restent quantitatives.
La réaction de celui qui «entend» une enchère quantitative est très simple : s'il est minimum, il passe sur 4SA ou se contente d'une conclusion à 6SA sur 5SA. Toute autre enchère montre une main non minimum, avec laquelle on envisage le contrat le plus élevé proposé par le partenaire.

2. Les chelems à l'atout

Une fois l'atout fixé, le petit chelem est envisageable à partir de 33-34 points HLD. Mais la présence éventuelle de nombreux points de distribution oblige à vérifier qu'il ne manque pas As et Roi dans une couleur annexe, non plus que deux As. Le premier problème sera résolu par les enchères de contrôles, le second par le Blackwood.

2.1. Les enchères de contrôle

Pour gagner un chelem, il faut que les adversaires soient dans l'impossibilité de réaliser des deux premières levées d'une couleur. Pendant les enchères, il faudra donc s'assurer que le camp contrôle chaque couleur autre que l'atout, c'est-à-dire qu'il y possède soit l'As ou le Roi, soit un singleton ou une chicane.
On appelle :

- contrôles d'honneur : As ou Roi,
- contrôle de coupe : chicane ou singleton.

L'As et la chicane sont des contrôles du premier tour, le Roi et le singleton sont des contrôles du deuxième tour.
Une enchère de contrôle est une annonce qui montre la possession de l'un de ces contrôles, sans pouvoir être confondue avec une enchère naturelle.

Quand y a-t-il enchère de contrôle ?

- **Après un fit,** lorsqu'il est clair qu'on souhaite jouer dans la couleur annoncée et que l'annonce d'une nouvelle couleur dépasse le palier de la manche ou oblige à la jouer.

Exemples :

1)	**ouvreur**	**répondant**
	1♠	3♠
	4♣	

L'atout Pique est agréé. L'enchère de 4♣ oblige à jouer 4♠ ou plus. Elle montre donc :

- un désir de chelem,
- un contrôle à Trèfle.

2)	**ouvreur**	**répondant**
	1♣	1♥
	3♥	3♠

Le fit à Cœur est exprimé, l'enchère de 3♠ oblige à jouer au moins 4♥. C'est donc une enchère de contrôle.

3)	**ouvreur**	**répondant**
	1♥	2♥
	3♦	

Ici, le camp peut s'arrêter à 3♥. Il ne s'agit pas d'une enchère de contrôle, mais d'une enchère d'essai.

- **Lorsque la nomination d'une nouvelle couleur** semble illogique en tant qu'enchère naturelle.

Exemple :	**ouvreur**	**répondant**
	1SA	3♥
	4♣	

Le répondant a montré un unicolore à Cœur. 4♣ montre le fit et un contrôle à Trèfle. On parle alors de fit implicite.

Le mécanisme des contrôles

L'utilisation des contrôles doit être systématique, lorsqu'un joueur estime qu'un chelem est possible et qu'il lui manque le contrôle dans une ou plusieurs couleurs.

Les contrôles sont annoncés indifféremment du premier ou deuxième tour, mais toujours dans l'ordre économique.
Le fait de «sauter» une couleur dénie donc tout contrôle dans cette couleur.

Exemple :	**ouvreur**	**répondant**
	1♠	3♠
	4♣	4♥

L'enchère de 4♥ affirme la possession du contrôle à Cœur et dénie toute forme de contrôle à Carreau.
De même, celui qui commence à annoncer un contrôle doit nommer son contrôle le plus économique.

Exemple :	**ouvreur**	**répondant**
	1♥	3♥
	4♣	

L'ouvreur n'a pas de contrôle à Pique. Il devient donc inutile pour le répondant de poursuivre les enchères s'il ne possède pas ce contrôle. Il s'arrêtera à 4♥.

Le dialogue engagé se poursuit jusqu'à ce que l'un des joueurs :
- se rende compte qu'une couleur n'est pas contrôlée : il stoppe alors le processus de chelem en revenant au plus bas palier dans la couleur d'atout.
- a obtenu suffisamment de renseignements pour poser le Blackwood ou conclure.

Deux précisions supplémentaires
- La nomination de la couleur d'atout n'est pas l'indication d'un contrôle, mais montre que l'on n'a rien de plus à ajouter. Elle ne constitue cependant un arrêt que si les deux joueurs ont dénié la possession d'un contrôle.

Exemple :

ouvreur	répondant
1♥	3♥
3♠	4♦
4♥	

Stop : personne n'a de contrôle à Trèfle.

ouvreur	répondant
1♠	3♠
4♣	4♦
4♠	

L'ouvreur a dénié le contrôle à Cœur mais le répondant peut reparler s'il le possède.

- La nomination d'une nouvelle couleur après un fit mineur au palier de 3 ne saurait être considérée comme une annonce de contrôle, puisque la manche la plus probable reste 3SA.

2.2. Le Blackwood

2.2.1. L'enchère de 4SA

L'enchère de 4SA est utilisée comme une demande d'As (Blackwood) dans les conditions suivantes :

- quand un fit majeur a été exprimé,
- quand le joueur qui annonce 4SA a déjà fait une enchère au palier de 4 au tour précédent.

Remarque : L'enchère de 4SA a été décrite comme quantitative dans un certain nombre de cas, comme Blackwood dans d'autres. La liste des situations qui a été dressée n'est pas exhaustive : le sens de l'enchère de 4SA dans les cas non traités doit faire l'objet d'une mise au point entre partenaires.

Les réponses au Blackwood sont les suivantes :

- 5♣ : 0 ou 3 As.
- 5♦ : 1 ou 4 As.
- 5♥ : 2 As (sans le Roi d'atout si un atout est fixé).
- 5♠ : 2 As avec le Roi d'atout (seulement si un atout est fixé).
- 5SA : 2 As et une chicane présumée utile.
- 6 y : 1 As et une chicane dans la couleur annoncée, si elle est

inférieure à la couleur d'atout.
- 6 atout agréé : 1 As et une chicane plus chère que la couleur de l'atout.

Après ces différentes réponses, celui qui a posé le Blackwood peut le plus souvent conclure au palier adapté dans la couleur commune (le retour au palier de 5 constituant un arrêt). S'il souhaite s'arrêter à 5SA, il doit, après la réponse au Blackwood, annoncer une couleur impossible au palier de 5, dans une couleur plus chère que la couleur du fit. Cette annonce demande au répondant de déclarer 5SA, et celui qui a posé le Blackwood peut passer.

Exemple :

ouvreur	répondant
1♣	1♥
1♠	3♣
4SA	5♦
5♠	5SA
Passe	

Le joueur peut aussi poursuivre ses investigations, en particulier par l'enchère de 6SA, décrite ci-dessous.

2.2.2. L'enchère de 5SA

Après la réponse au Blackwood, l'enchère de 5SA est avant tout une proposition de grand chelem. Elle affirme donc la possession du contrôle au premier tour de toutes les couleurs. Le répondant a donc le droit, si sa main le lui permet, de conclure directement au palier de 7 dans la couleur commune. Si les informations en sa possession sont insuffisantes, il doit considérer 5SA comme un Blackwood aux Rois. Les réponses sont les suivantes :
- 6♣ : 0 ou 4 Rois
- 6♦ : 1 Roi
- 6♥ : 2 Rois
- 6♠ : 3 Rois

Remarques :
Si la réponse au Blackwood a intégré le Roi d'atout, il faut défalquer ce Roi du nombre annoncé sur 5SA.

Le joueur interrogé n'est pas obligé de répondre son nombre de Rois si cette indication dépasse le palier de 6 de la couleur commune, et s'il n'a aucune envie de jouer le grand chelem. Cette opportunité se rencontrera souvent en cas de fit mineur.

2.2.3. Les questions relatives à la qualité de l'atout

Différentes enchères sont disponibles pour traiter spécifiquement du problème de la qualité de l'atout.

L'enchère de 5 en majeure

Une fois fixé le fit majeur, l'enchère au palier de 5 dans la couleur commune est une question à l'atout si l'enchère précédente ne dépasse pas le palier de la manche.

Exemples :

	ouvreur	répondant	
1)	1♠	3♠	
	5♠		Question à l'atout.

	ouvreur	répondant	
2)	1♥	4♥	
	4♠	5♣	
	5♥		Pas de contrôle à Carreau

Sur cette question à l'atout, le partenaire doit déclarer le petit chelem avec deux gros honneurs à l'atout (parmi As-Roi-Dame), passer s'il ne les possède pas. Avec As-Roi-Dame, il répond 5SA.
NB : L'enchère de 5 en majeure peut aussi servir à s'enquérir d'un contrôle manquant, quand deux contrôles ont été nommés et que le dernier contrôle n'a pas été dénié :
Exemples :

ouvreur	répondant	
1♠	3♠	
4♣	4♦	
5♠		Question au contrôle Cœur.

Mais :

ouvreur	répondant	
1♠	3♠	
4♣	4♥	
5♠		est une question à l'atout.

Le 5SA Joséphine

De même, une fois un fit agréé, l'enchère de 5SA effectuée avec un saut est une question à l'atout en vue du grand chelem. Le partenaire déclare directement le grand chelem avec deux gros honneurs à l'atout (parmi As-Roi-Dame), se contente du petit chelem s'il ne les possède pas.

Les questions à l'atout après le Blackwood

Il est possible de poser les mêmes questions concernant la qualité de l'atout après la réponse au Blackwood.

En cas de fit majeur, l'enchère immédiatement supérieure à la réponse au Blackwood, et inférieure à la couleur commune, est une question à l'atout.

Exemple :

ouvreur	répondant
1♠	3♠
4SA	5♣
5♦	

Question à l'atout. Nord doit déclarer 6♠ s'il possède deux gros honneurs à Pique.

Quel que soit le fit (sauf Trèfle), une enchère au palier de 6 inférieure à la couleur d'atout est un «Joséphine».

Exemple :

ouvreur	répondant
1♣	1♥
3♥	4SA
5♦	6♦

Question à l'atout pour le grand chelem. L'enchère de 6♣ serait ambiguë, dans la première couleur de l'ouvreur.

Joséphine à l'atout Trèfle après Blackwood : aucune des procédures précédemment décrites n'est utilisable à l'atout, puisque toute enchère au palier de 6 dépasse le contrat de 6♣. Pour poser une question à l'atout dans le but de jouer le grand chelem après le Blackwood, il faudra d'abord faire dire 5SA au partenaire, puis revenir à 6♣.
Un exemple :

ouvreur	**répondant**
1♥	2♣
3♣	4SA
5♦	5♠
5SA	6♣

Sur 5♦, 5♠ demande à Sud de déclarer 5SA (cf. *supra*), 6♣ pose ensuite la question à l'atout pour le grand chelem : si Nord n'avait voulu jouer que 6♣, il l'aurait déclaré directement sur 5♦.

Deuxième partie :
les enchères à quatre

INTERVENTION DU JOUEUR N° 2

1. Après une ouverture au palier de 1 à la couleur

1.1. L'intervention par 1SA

1.1.1. Définition

En intervention, l'enchère de 1SA montre une main régulière sans majeure cinquième de 16 à 18 points HL

- Sur une ouverture mineure, elle nécessite au moins un arrêt dans la mineure d'ouverture.
- Sur une ouverture majeure, l'intervention par 1SA nécessite cette fois un arrêt et demi (AVx, RDx) dans la majeure d'ouverture.

1.1.2. Réponses à l'intervention par 1SA

Sur une ouverture mineure

On enchérit comme si le partenaire avait ouvert de 1SA, c'est-à-dire qu'on utilise le Stayman à 2♣ et les Texas.
Exemples:

Sud	Ouest	Nord	Est
	1♦	1SA	Passe
2♣	Stayman		

Sud	Ouest	Nord	Est
	1♦	1SA	Passe
2♦	Texas pour les Cœurs		

Sur une ouverture majeure

L'esprit est le même. Cependant, pour des raisons d'espace, on joue les Texas à partir de 2♣. Pour rechercher un fit 4-4 dans l'autre majeure, on utilise le Texas pour la couleur d'ouverture.
Exemple :

	Sud	Ouest	Nord	Est
		1♥	1SA	Passe
•	2♣	Texas pour les Carreaux		

- 2♦ Texas impossible, Stayman, garantit quatre cartes à Pique
- 2♥ Texas pour les Piques, garantit cinq cartes
- 2♠ Texas pour les Trèfles
- 2SA naturel

1.2. L'intervention par une couleur

La vulnérabilité des deux camps détermine les minima d'intervention pour les différents cas exposés ci-après.
Les valeurs indiquées sont valables dans le cas d'une vulnérabilité égale (non vulnérable contre non vulnérable ou vulnérable contre vulnérable).
Ces minima seront relevés d'un ou deux points en cas de vulnérabilité défavorable (vulnérable contre non vulnérable), et abaissés d'autant en cas de vulnérabilité favorable (non vulnérable contre vulnérable).
La présence d'un singleton ou d'une chicane permettra également d'abaisser d'un point supplémentaire ces mêmes minima.

1.2.1. Au palier de 1

Elle se fait avec une couleur au moins cinquième et une force comprise entre 9 et 18 points HL.

Deux zones de points sont à prendre en considération :

- La zone 9-12 HL

Dans cette zone, l'intervention nécessite soit une couleur de belle qualité, soit une main irrégulière. Le but est le plus souvent d'indiquer une bonne entame au partenaire ou de proposer un contrat de sacrifice en défense.

- La zone 13-18 HL

Dans cette zone, le critère de qualité de la couleur n'intervient pas, l'objectif étant la recherche d'un contrat gagnant.

1.2.2. Au palier de 2 sans saut

En mineure, il faut une couleur sixième (ou cinquième mais de très belle qualité), et une force comprise entre 11 et 18 points HL.
L'intervention à 2♥ sur 1♠ peut ne comporter que cinq cartes convenables avec un minimum de 13 points H.

1.2.3. À saut

Ces interventions sont des barrages (sauf quand elles décrivent, par convention, des bicolores, voir *infra*). Elles se font avec des jeux faibles en points H (6-10), mais avec des couleurs à la fois longues et solides, et satisfont aux critères requis par la situation de vulnérabilité.

En conséquence, la main ne comporte pas plus d'une levée de défense extérieure.

Le palier du barrage sera fonction de la longueur de la couleur :

- au palier de 2 : six cartes
- au palier de 3 : sept cartes
- au palier de 4 : huit cartes

1.3. Le Contre d'appel

1.3.1. Définition

Le Contre d'appel couvre deux domaines d'application :

- soit des mains valant au moins l'ouverture, quand la distribution permet d'envisager un contrat dans l'une des trois couleurs différentes de l'ouverture,
- soit des mains d'au moins 19 points HL, quelle que soit la distribution.

Voici les conditions de distribution nécessaires dans le premier cas :

- une courte dans la couleur d'ouverture (chicane, singleton ou doubleton)
- sur une ouverture mineure, au moins sept cartes dans les majeures, réparties 4 et 3
- sur une ouverture majeure, en principe quatre cartes dans l'autre majeure, trois obligatoirement.

Remarques :

- avec moins de 19 points HL, l'intervention par une couleur est prioritaire quand elle est possible
- les conditions de distribution sont moins strictes à mesure que la force du contreur s'accroît.

1.3.2. Les réponses au Contre d'appel

Nous étudions le cas où le joueur n° 3 ne fait pas d'enchère.
La réponse au Contre d'appel est obligatoire (sauf cas exceptionnel).

L'annonce d'une couleur

➾ couleur sans saut : 0 à 7 points H, zone faible.
Le répondant doit en priorité nommer une majeure de quatre cartes, même s'il a une mineure de cinq cartes.

➾ couleur avec saut : 8 à 10 points H, zone moyenne.
Là encore le répondant doit donner la priorité à une majeure quatrième, même s'il possède une mineure cinquième.

- Le saut en majeure au palier de 2 montre quatre cartes, le saut en mineure montre toujours cinq cartes.
- Le saut en majeure au palier de 3 signifie qu'on est en zone moyenne, c'est-à-dire qu'on a de 8 à 10 points H, mais qu'on possède cinq cartes dans la majeure déclarée.

Une exception, la séquence :

Sud	Ouest	Nord	Est	
1♠	Contre	Passe	3♥	montre quatre ou cinq Cœurs

- Le saut à 4♥ ou 4♠

Avec une majeure cinquième, on nomme la manche directement à partir de 10-11 points H. Si la majeure est sixième, il suffit de 8 ou 9 points H.

Enchères à Sans-Atout

Toutes les enchères à Sans-Atout sont positives.

- 1SA = (7) 8 à 10 points H avec un arrêt dans la couleur d'ouverture, pas de majeure quatrième.
- 2SA = 10+ ou 11 points H, jeu régulier sans majeure quatrième. Il faut au moins un arrêt et demi dans la couleur d'ouverture.
- 3SA = 12 à 14 points H, mêmes conditions.

Le cue-bid

Le cue-bid s'emploie avec un jeu fort sans enchère naturelle, c'est-à-dire avec un minimum de 11 points H quand plusieurs manches sont possibles, ou quand un chelem n'est pas exclu.
Sur une ouverture mineure, il peut être utilisé aussi avec des mains de 8-10 points H comportant les deux majeures quatrièmes.
Ce cue-bid est auto-forcing.

Passe

Enchère très rare, qui transforme le Contre d'appel du partenaire en Contre punitif.
Elle garantit au moins 7-8 points H avec au moins trois levées d'atout naturelles.

1.3.3. La redemande du contreur

Après une réponse minimum du partenaire

- Passe = 12 à 17 HLD, même avec quatre cartes dans la couleur répondue.
- Annonce d'une couleur = 19 à 21 HL, cinq cartes au moins.
- Annonce d'une couleur avec saut = 20-23 HL, six cartes au moins.
- Soutien simple = 18-20 HLD, quatre cartes.
- Soutien avec saut = 21-23 HLD, généralement cinq cartes.
- 1SA = 19-20 HL, arrêt(s) dans la couleur d'ouverture, jeu régulier.
- 2SA = 21-22 HL, arrêts dans la couleur d'ouverture, jeu régulier.
- Cue-bid = soit :
  - 21 HLD et plus avec fit de quatre cartes dans la couleur répondue, lequel sera exprimé ultérieurement.
  - 23 HL et plus, main régulière avec arrêts dans la couleur d'ouverture. Le cue-bid sera suivi d'une enchère à Sans-Atout.
  - Toutes les mains fortes de 19 H et plus sans enchère appropriée.

Après une réponse positive ou semi-positive du partenaire

- Après l'annonce d'une couleur à saut ou une enchère à Sans-Atout, les soutiens ou les enchères à Sans-Atout inférieurs à la manche sont des enchères de proposition ; les changements de couleur et le cue-bid sont forcing.
- Après un cue-bid, le contreur annoncera sa majeure quatrième la plus économique.

1.4. Les bicolores

Après une ouverture de 1 à la couleur, on utilise certaines enchères d'intervention pour décrire des bicolores au moins 5-5.
L'ensemble de ces interventions porte le nom de «Michaël cue-bids précisés».
La valeur des mains n'est ni limitée, ni précisée ; le minimum dépend des vulnérabilités respectives.

1.4.1. Sur une ouverture mineure

- 2♦ : bicolore majeur
- 2SA : les deux couleurs les moins chères.

Les bicolores Pique/mineure s'annoncent naturellement.

1.4.2. Sur une ouverture majeure

- Cue-bid : l'autre majeure plus les Trèfles
- 2SA : les deux mineures
- 3♣ : l'autre majeure plus les Carreaux.

2. Après une ouverture de 1SA

- Convention «Landy» : 2♣ = appel aux majeures (la distribution 5-5 n'est pas obligatoire).
  La réponse de 2♦ demande à l'intervenant de nommer sa meilleure majeure.
- 2SA = appel aux mineures.
- Les autres enchères au palier de 2 sont naturelles, et promettent en général six cartes et une force fonction de la vulnérabilité.
- Les enchères au palier de 3 sont des barrages, à l'exception de

3♣ qui correspond à une bonne intervention à Trèfle (du fait du caractère artificiel de l'enchère de 2♣).

- Le Contre est « punitif « : il montre soit une main plus régulière plus forte que l'ouverture de 1SA (à partir donc de 18-19 points HL), soit une main irrégulière trop forte pour une simple intervention au palier de 2.

3. Après une ouverture de barrage

Quelle que soit la hauteur de l'ouverture, les principes suivants s'appliquent :

- Le Contre est d'appel et s'utilise avec une force fonction de la hauteur du barrage. Il permet aussi d'annoncer des jeux trop forts pour une intervention naturelle.

Remarque : Le Contre des ouvertures à partir du palier de 4♠ reste un Contre d'appel. Cependant, ce Contre doit comporter des valeurs défensives suffisantes pour que le répondant puisse passer sans (trop) craindre le gain du contrat adverse s'il possède une main régulière faible.

- L'intervention à Sans-Atout, jusqu'au palier de 3, est une enchère naturelle montrant au moins la force d'une bonne ouverture de 1SA (16-18 points H).
- L'intervention par une couleur est toujours naturelle, et nécessite un jeu et une couleur d'autant plus forts que le palier du barrage est élevé.
- L'intervention par un cue-bid indique toujours un jeu bicolore.
- L'intervention par 4SA montre un bicolore mineur sur les barrages en majeure jusqu'à 4♥ inclus. Sur l'ouverture de 4♠, l'intervention par 4SA montre un bicolore indéterminé.

INTERVENTION DU JOUEUR N°4 APRÈS UNE OUVERTURE DE 1 À LA COULEUR

Seul le cas où les adversaires ont annoncé deux couleurs est traité.

1. Intervention par une couleur

Les critères sont les mêmes que pour l'intervention du joueur n°2, en plus sérieux (gare au «sandwich») : la situation de l'intervenant est dangereuse puisqu'il intervient devant l'ouvreur et que ses deux adversaires ont parlé.

2. Intervention par 1SA

Enchère naturelle : main régulière, 16 à 18 points H, des arrêts dans les deux couleurs annoncées par l'adversaire.

3. Intervention par Contre

Ce Contre est d'appel, il montre la valeur d'une ouverture et les deux autres couleurs au moins quatrièmes, ou un jeu très fort. Dans la zone faible ou moyenne, il dénie en principe une majeure cinquième annonçable au palier de 1.

4. Intervention par un cue-bid

4.1 De la couleur du répondant

Enchère naturelle montrant six belles cartes.

Sud	Ouest	Nord	Est	
1♣	Passe	1♥	2♥	= naturel

Sud	Ouest	Nord	Est	
1♠	Passe	2♣	3♣	= naturel

4.2 De la couleur de l'ouvreur

Exemples :

Sud	Ouest	Nord	Est	
1♣	Passe	1♥	2♣	= bicolore Carreau-Pique

Sud	Ouest	Nord	Est	
1♠	Passe	2♣	2♠	= bicolore Carreau-Cœur

5. Par 2SA

Bicolore des deux autres couleurs, purement défensif en fonction de la vulnérabilité.

LES RÉPONSES AUX INTERVENTIONS PAR UNE COULEUR

1. Intervention 1 sur 1

1.1. Les mains comportant un fit

Les principes de la *loi des levées totales* et ses conséquences sont à la base du système de réponse. C'est pourquoi l'expression du soutien est principalement fonction du nombre d'atouts et de la force.

1.1.1. Les jeux faibles (moins de 11-12 HLD)

Ils s'expriment par des soutiens directs.

- Le soutien simple : constructif, trois cartes, ou quatre cartes dans un jeu régulier, jusqu'à 10 points H.
- Le soutien au palier de 3 : c'est un barrage qui nécessite quatre atouts dans une main irrégulière (7-8 H au plus).
- Le soutien à double saut (en majeure) : mêmes conditions de force, cinq atouts, éventuellement quatre, jeu très irrégulier. Exceptionnellement, cette enchère peut se faire avec un jeu plus fort.

1.1.2. Les jeux forts (à partir de 12-13 points HLD)

- Les jeux bicolores : le changement de couleur avec saut montre une belle couleur cinquième ainsi qu'un fit de quatre atouts.
- Les jeux non bicolores :
  - avec un fit de trois cartes et un minimum de 10-11 H, on utilise le cue-bid simple.
    (ex : 1♣ 1♠ passe 2♣)
  - avec un fit de quatre cartes et les mêmes conditions de force, on utilise le cue-bid à saut.
    (ex : 1♣ 1♠ passe 3♣)

1.2. Les mains sans fit

Malgré l'absence de fit, le répondant doit se manifester à partir de 9 points H quelle que soit sa main. Il dispose de trois possibilités.

1.2.1. Le changement de couleur sans saut

Le changement 1 sur 1 :

Il ne promet que quatre cartes dans la couleur nommée, ainsi qu'une force minimale de 8-9 points HL. L'enchère est forcing pour un tour.

Le changement 2 sur 1 :

Il promet cinq cartes et un minimum de 12-13 points HL. Sauf mains très fortes, il montre au plus deux cartes dans la couleur d'intervention. Cette enchère est forcing pour un tour.

1.2.2. Les enchères à Sans-Atout

- 1SA : La force promise est de 8-9 à 12 HL. L'arrêt dans la couleur d'ouverture est souhaitable mais pas obligatoire.
- 2SA : Main régulière, 13-14 HL, un arrêt et demi dans la couleur d'ouverture.
- 3SA : Pour les jouer. Cette enchère n'autorise pas, en principe, l'intervenant à revenir au palier de 4 dans sa majeure d'intervention, même si elle comporte six cartes.

1.2.3. Le cue-bid

Le cue-bid garantit le plus souvent un fit. Cependant, il peut aussi correspondre à une main forte, régulière, comportant seulement deux cartes dans la couleur d'intervention, et sans arrêt suffisant dans la couleur d'ouverture pour déclarer soi-même les Sans-Atout.

2. Intervention au palier de 2 sans saut

2.1. Réponse aux interventions mineures 2 sur 1 sans saut

2.1.1. Les soutiens

- Soutien simple : 6-9 points H, au moins trois cartes (ou un honneur second), dénie cinq cartes dans une majeure.
- Soutien à saut : barrage, au moins quatre atouts, on s'oriente vers un contrat défensif.

2.1.2. Les changements de couleur

Ils montrent cinq cartes au moins au même palier, six cartes au palier supérieur, et un minimum de 10 points HL. Ils sont forcing pour un tour.

2.1.3. Les enchères à Sans-Atout

- 2SA = 10-11 HL avec un arrêt dans la couleur adverse.
- 3SA = 12 HL et plus, mêmes critères.

Dans les deux cas, il est préférable de posséder un complément dans la mineure d'intervention.

2.1.4. Le cue-bid

Il indique un minimum de 10-11 H, et s'utilise chaque fois que le partenaire de l'intervenant a besoin de renseignements complémentaires pour décider du meilleur contrat : il recherche soit la présence d'une majeure quatrième chez son partenaire, soit l'arrêt dans la couleur d'ouverture pour jouer les Sans-Atout.

2.2. Réponse à l'intervention à 2♥

L'objectif est la manche à Cœur. Les principes de développement sont les mêmes que précédemment, mais le cue-bid peut masquer un soutien fort à Cœur.

2.3. Réponses aux interventions naturelles à saut

Les réponses sont les mêmes que sur l'ouverture correspondante.

MODIFICATIONS DES ENCHÈRES DU CAMP DE L'OUVREUR APRÈS INTERVENTION DU N° 2

L'intervention redonne la parole à l'ouvreur. En conséquence, le répondant n'est plus obligé de s'exprimer avec des jeux faibles. Par rapport aux réponses sans intervention, l'enchère libre du répondant traduit donc un supplément de force ou une revalorisation distributionnelle.

1. Après intervention par 1SA

1.1. Le Contre

Il est punitif, en principe à partir de 9 H.

1.2. L'annonce d'une nouvelle couleur au palier de 2

Elle correspond à une belle couleur sixième dans un jeu faible ; l'enchère est non forcing.
L'enchère de 2♣, sur l'ouverture de 1♣ ou de 1♦, indique un bicolore majeur au moins 4-4, dont la force ou la distribution ne conviennent pas pour utiliser le Contre punitif.

Sud	Ouest	Nord	
1♣/♦	1SA	2♣	= bicolore majeur

1.3. Les soutiens

Les critères du soutien au palier de 2 ne changent pas. En revanche, en raison de la force de l'intervention par 1SA, les soutiens à saut prennent la valeur de barrages.

1.4. L'enchère de 2SA

C'est un cue-bid, avec une main ne convenant pas pour un Contre punitif. C'est donc une enchère forcing.

2. Après intervention par un Contre d'appel

2.1. Les changements de couleur

2.1.1. Au palier de 1

L'annonce d'une nouvelle couleur reste forcing pour un tour, et montre un minimum de quatre cartes et 7 ou 8 points HL, ou cinq cartes.

2.1.2. Au palier de 2

Ce changement de couleur est non forcing, et montre donc une belle couleur au moins cinquième, un misfit dans la couleur d'ouverture et un maximum de 10 points H.

2.1.3. Avec saut

Si le répondant n'a pas passé d'entrée, ce sont des barrages exprimant une couleur solide et un jeu faible, le palier du saut étant fonction du nombre de cartes dans la couleur.
Après un Passe initial, le saut dans une nouvelle couleur montre cinq cartes convenables, un fit d'au moins quatre cartes dans la couleur d'ouverture et un minimum de 11 points HLD.

2.2. Les enchères à Sans-Atout

2.2.1. 1SA

Enchère naturelle, jeu régulier, 8 à 10 HL, en principe sans majeure quatrième.

2.2.2. 2SA

Convention «Truscott», indiquant un jeu qui, en force et en distribution, aurait justifié, dans le silence adverse un soutien à saut direct de la couleur d'ouverture. Cette enchère est forcing.
Les conditions d'utilisation sont les suivantes :

- en majeure : fit par quatre cartes au moins,
- en mineure : fit par cinq cartes au moins,
- dans tous les cas, à partir de 11 points HLD.

2.3. Les enchères de soutien

Les soutiens constructifs étant décrits par l'enchère conventionnelle de 2SA, les soutiens directs sont des barrages régis par les lois générales des enchères compétitives. En particulier, le palier du barrage sera lié davantage au nombre d'atouts connu dans la ligne, plutôt qu'à une notion de force. Ces soutiens obéissent aux mêmes principes que les soutiens d'une intervention majeure. (cf. Réponses aux interventions).

2.4. Le Surcontre

C'est une déclaration polyvalente qui recouvre plusieurs situations dont le trait commun est de décrire des jeux de 10 points H et plus.

2.4.1. Avec le fit dans la couleur d'ouverture

Jeux de 11 points HLD au moins.

- En majeure : fit souvent par trois cartes. Ces jeux auraient été décrits, si l'adversaire avait passé, soit par un soutien conventionnel à 2SA, soit par un changement de couleur, suivi par un fit différé.
- En mineure : fit par au moins quatre cartes. Ces jeux auraient été souvent, dans le silence adverse, traités par une enchère directe à 2SA ou 3SA.

2.4.2. Sans fit

- Jeux à «vocation punitive» avec des distributions qui permettront de contrer «punitif» un ou plusieurs contrats proposés par le Contre d'appel.
- Jeux sans enchère naturelle, car l'enchère naturelle a été retenue pour une signification conventionnelle après le Contre d'appel adverse, qu'il s'agisse :
  - des sauts directs à 2SA ou 3SA,
  - des changements de couleur sans saut au palier de 2.

2.4.3. Suite des enchères après un Surcontre

Après un surcontre, les contres des deux joueurs du camp sont punitifs.

Sinon, le «surcontreur» précise au tour d'enchère suivant la situation de surcontre dans laquelle il se trouvait.

Si, dans la suite de la séquence, le surcontreur passe sur une enchère faite par le contreur, ce passe est forcing pour l'ouvreur si le deuxième adversaire passe lui aussi.

3. Après une intervention à la couleur

3.1. Les enchères de soutien

En général, les conditions de distribution sont les mêmes que sans intervention.

3.1.1. Le soutien au palier de 2

De 6/7 à 10 HLD, au moins trois atouts.

3.1.2. Le soutien au palier de 3 avec saut

11-12 HLD, éventuellement 9-11 HLD avec une courte dans la couleur d'intervention, au moins quatre atouts.

3.1.3. Le soutien au palier de 4 avec saut (en majeure)

13-14 HLD, au moins quatre atouts (maximum 11 H), ou à partir de 9 HLD, cinq atouts et un singleton.

3.1.4. Les soutiens forcés

Après une intervention à saut, la valeur des enchères de soutien est décalée d'un palier.
Exemple :

Sud	Ouest	Nord	
1♥	2♠	3♥	= un beau 2♥

Sud	Ouest	Nord	
1♥	3♠	4♥	= au moins la valeur de 3♥, si le

répondant s'apprêtait à soutenir à 2♥, il passe sur 3♠.

3.2. Les changements de couleur

3.2.1. Au palier de 1

Au moins 6-7 HL, au moins quatre cartes, forcing un tour.
NB : si on utilise le Contre comme défini au § 3.4.1., l'annonce de la couleur immédiatement supérieure à l'intervention promet cinq cartes.

3.2.2. Au palier de 2 sans saut

En général cinq cartes, 11 HL et plus, auto-forcing.

3.2.3. A saut

Quand le répondant n'a pas passé d'entrée, le changement de couleur à saut après intervention est un barrage. Après un Passe initial, le changement de couleur à saut montre cinq cartes dans la couleur annoncée et un fit de quatre cartes dans la couleur d'ouverture, dans une main de 11 HLD au moins.

3.3. Les enchères à Sans-Atout

3.3.1. Au palier de 1

8-10 HL, au moins un arrêt dans la couleur d'intervention, main régulière.

3.3.2. Au palier de 2

11 HL, un arrêt et demi dans la couleur d'intervention, main régulière. Attention : après une ouverture majeure et une intervention, l'enchère de 2SA ne correspond donc plus à un fit de trois cartes mais reprend sa signification naturelle.

3.3.3. Au palier de 3

12-14 HL, un arrêt et demi dans la couleur d'intervention, main régulière.

3.4. Le Contre

Le Contre de toutes les interventions à la couleur jusqu'à 4♥ est un Contre Spoutnik : il est d'appel et illimité en force.

3.4.1. Après ouverture mineure et intervention au palier de 1

- Intervention à 1♠ : le Contre garantit au moins quatre cartes à Cœur et au moins 7-8 HL.
- Interventions à 1♦ et 1♥ : le Contre garantit quatre cartes exactement dans la majeure immédiatement supérieure et 7 HL au moins.

NB : Une autre option peut être choisie : le Contre dénie une majeure quatrième et indique qu'aucune enchère naturelle n'est possible (généralement avec une main régulière et sans arrêt dans la couleur adverse). Dans ce cas, la surenchère dans la majeure immédiatement supérieure ne promet plus que quatre cartes.

3.4.2. Après ouverture mineure et intervention au palier de 2 et au-delà

Le Contre montre une force qui augmente avec le palier de l'intervention et, en principe, quatre cartes dans la ou l'une des majeures non annoncées.

3.4.3. Après ouverture majeure

Le Contre remplit trois fonctions :

- l'expression d'un soutien de trois cartes dans la couleur d'ouverture et au moins 11 HLD
- la recherche de l'arrêt dans la couleur d'intervention pour jouer 3SA
- quand l'intervention est en mineure, la recherche d'un fit dans l'autre majeure.

3.5. Le cue-bid

Il est forcing de manche. Ses conditions d'emploi dépendent de la couleur d'ouverture.

3.5.1. Sur ouverture majeure

Le cue-bid garantit quatre atouts et un minimum de 12 H. Il ne promet pas le contrôle de la couleur d'intervention.

3.5.2. Sur ouverture mineure

En premier lieu, il doit être considéré par l'ouvreur comme une demande d'arrêt dans la couleur d'intervention pour jouer à Sans-Atout. Il permet aussi d'exprimer des soutiens dans la mineure d'ouverture trop forts pour un soutien direct.

LES ENCHÈRES DE RÉVEIL

1. Les enchères du camp qui n'a pas ouvert

1.1. Au premier tour d'enchères

1.1.1. Après une ouverture de 1 à la couleur

Exemple :

Sud	Ouest	Nord	Est
1♣	Passe	Passe	?

On distingue plusieurs types d'enchères de réveils :

Les enchères à Sans-Atout

Ce sont des enchères précises :

- 1SA = 10 à 13 HL, jeu régulier, en principe un arrêt dans la couleur d'ouverture.
- 2SA = 17 à 19 HL, jeu régulier, au moins un arrêt dans la couleur d'ouverture.

Les réponses sont identiques à celles des interventions à Sans-Atout.

Les réveils par une couleur

Ils dénient la valeur d'une ouverture convenable et sont donc limités à 13 points HL :

- au palier de 1, la couleur annoncée est, en principe, au moins cinquième. Elle peut être quatrième si aucune autre enchère n'est satisfaisante.
- au palier de 2, cinq cartes sont garanties.

Avec saut, l'annonce d'une majeure est un barrage, l'annonce d'une mineure correspond à une bonne couleur au moins sixième dans un jeu proche de l'ouverture.

Le Contre

Toujours d'appel, il indique :

- soit des jeux inférieurs à l'ouverture (au minimum 7-8 points H), dont la distribution correspond à un Contre d'appel produit en deuxième position,

- soit des jeux qui auraient été ouverts en première position et qui ne rentrent pas dans le cas d'une enchère précisée décrite précédemment.

1.1.2. Après une ouverture de 1SA

- Le réveil par une couleur (2♣ excepté) montre un minimum de cinq cartes convenables, dans une main en général irrégulière, sans garantir un quelconque minimum de force.
- L'enchère de 2♣ reste un «Landy», appel aux majeures, dont les conditions de force et de distribution sont atténuées par rapport à la même enchère faite en intervention.

1.1.3. Après une ouverture de barrage

- Les enchères à Sans-Atout sans saut sont naturelles (jeu régulier et tenue dans la couleur adverse). Sur 2♥ ou 2♠ faible, le réveil par 2SA montre 13 à 16 points HL et une main régulière. Sur un barrage plus élevé, le réveil à 3SA indique la volonté de jouer ce contrat.
- Les Contres sont des Contres d'appel, faits avec une distribution supportant de jouer dans les trois couleurs restantes, ou avec un jeu fort permettant une redemande raisonnable sur toute réponse du partenaire. Plus le barrage est élevé, plus la force en levées défensives du Contre d'appel doit être importante. Ainsi, un partenaire nanti d'une main régulière sans intérêt peut passer sans trop de risque de voir gagner le contrat déclaré par l'adversaire.
- Le réveil par une couleur est naturel et limité, et provient le plus souvent d'une couleur sixième.

Toutes ces enchères sont faites avec une force correspondant au palier auquel l'équipe devra éventuellement jouer.

1.2. En cours de séquence

1.2.1. Après un fit adverse

Les enchères de réveil possibles sont les suivantes :

- Nommer une couleur.
- Contrer d'appel.

Ces deux enchères conservent la même signification que si elles avaient été faites au premier tour, mais les critères de force ou de distribution en sont atténués.

- Nommer les Sans-Atout : bicolore mineur après un fit majeur.

1.2.2. Après une enchère à 1SA

Le Contre est punitif.

Exemple :

Sud	Ouest	Nord	Est
	1♣	Passe	1♥
Passe	1SA	Passe	Passe
Contre	= punitif		

2. Les réveils du camp qui a ouvert

2.1. Les réveils de l'ouvreur

Exemple :

Sud	Ouest	Nord	Est
1♣	1♠	Passe	Passe
?			

Hormis les réveils naturels (unicolore, bicolore), on distingue :

- Le Contre : c'est un Contre d'appel qui décrit deux types de jeu : soit une distribution supportant de jouer dans les deux couleurs restantes (avec une courte dans la couleur adverse), soit un jeu fort permettant de reparler sur la réponse du partenaire.
- Le réveil par 1SA : jeu régulier de 18-19 H, avec une tenue dans la couleur adverse.

2.2. Les réveils du répondant

- Le Contre :

Exemple :

Sud	Ouest	Nord	Est
		1♣	Passe
1♠	2♥	Passe	Passe
Contre			

Ce Contre d'appel garantit soit cinq cartes dans la majeure répondue (ici les Piques), soit un jeu fort qui sera décrit ultérieurement.

- Le cue-bid : il indique le fit dans la couleur de l'ouvreur et un jeu permettant de jouer la manche.
- Les surenchères dans une couleur : elles sont naturelles et limitées, non forcing, y compris dans la couleur d'ouverture.

Troisième partie : la signalisation

La signalisation utilisée dans le cadre du S.E.F. se compose de deux parties distinctes : le choix de la carte d'entame, à Sans-Atout comme à l'atout, et le choix des signaux qui permettent de transmettre des informations. Dans ce dernier domaine, on utilise :

- **Le pair-impair,** indication du nombre de cartes détenues dans la couleur jouée. Le principe en est le suivant : on fournit ses cartes dans un ordre croissant pour indiquer un nombre impair de cartes, décroissant pour indiquer un nombre pair.
  Plus précisément, on fournit toujours la plus petite de ses cartes pour indiquer un nombre impair de cartes. Avec un nombre pair, on fournit :
  - la plus forte du doubleton, sauf si la carte en question permet de réaliser ou de protéger une levée (par exemple la Dame seconde sans le Valet) ;
  - la deuxième meilleure dans quatre cartes ne comportant pas de séquence d'honneurs. Exemple : 8 7 4 2 ; D 7 6 3 ; 10 9 6 3
  - l'honneur le plus élevé si l'on possède deux honneurs en séquence. Un exemple : V 10 6 3
- **L'appel-refus,** pour indiquer l'intérêt porté à la continuation de la couleur jouée. On appelle avec une grosse carte, on refuse avec une petite carte. Là encore, on refuse avec la plus petite carte. Si l'on appelle, la carte choisie dénie la carte immédiatement supérieure. Exemple : A 9 8 3 2. Appeler avec le 8 dénierait le 9.
- **Les appels de préférence,** qui servent à marquer un intérêt pour une couleur différente de celle qui est jouée. Une grosse carte exprime un intérêt pour la plus chère des couleurs restantes, une petite carte pour la moins chère des couleurs restantes.

LA SIGNALISATION À SANS-ATOUT

1. Entame et cartes à fournir sur l'entame

1.1. Entame du Roi

Elle promet **trois honneurs** et provient donc de

R D V x (x)   R D 10 x (x)   A R V x (x)

Sur cette entame, le partenaire doit :

- **Débloquer** l'honneur complémentaire (y compris l'As) s'il le possède.
- **Montrer sa parité** dans le cas contraire.

Le cas particulier d'un singleton au mort

Sur l'entame du Roi, s'il y a un singleton au mort, on revient à la signalisation appel-refus, sauf dans le cas où les enchères ont montré que le déclarant avait obligatoirement moins de quatre cartes dans la couleur :

Exemples :

	♠ 5	
♠ R		♠ A [9] 2

	♠ 5	
♠ R		♠ 9 8 4 [2]

1.2. Entame de la Dame

C'est en principe une tête de séquence, mais elle peut aussi provenir de R D x ou de R D 9 x (x).

Sur cette entame, le partenaire doit :

- **Appeler** s'il a un intérêt à la continuation de la couleur : possession d'un honneur complémentaire, ou longueur.
- **Refuser** dans le cas contraire.

Ainsi, sur l'entame de la Dame, on doit fournir :

- le 8 avec V 8 3 ou 8 7 6 4 2

- le Roi avec R 7 5 (déblocage en cas d'entame dans D V 10 ou D V 9)
- le 10 avec 10 5 4 (déblocage en cas d'entame dans D V 9)
- le 9 avec A 9 4 3
- le 2 avec 8 2 ou 9 5 2 (ou 8 7 5 2)

1.3. Entame de l'As

Elle provient en principe de A R x (x), et le partenaire doit :

➾ **Appeler** s'il possède la Dame ou s'il est long dans cette couleur.

➾ **Refuser** dans tous les autres cas.

Ainsi, sur l'entame de l'As, on doit fournir :

- le 8 avec D 8 2 ou 8 7 6 4 2
- le 2 avec 7 2 ou 9 6 2 (ou 6 5 4 2)

Remarque : Par inférence, il résulte de ce qui est exposé ci-dessus que si l'entameur possède trois honneurs, dont le Roi, et ne souhaite pas un déblocage de son partenaire, il ne doit pas entamer du Roi.

Ainsi, avec R D V secs ou R D 10 secs, il faut entamer de la Dame, et, avec A R V secs, il faut entamer de l'As.

1.4. Entame du Valet ou du 10

Elle indique une tête de séquence, sans dénier ni promettre un honneur supérieur.

On entame du Valet avec :

- V 10 9 5
- V 10 8 3
- R V 10 4
- A V 10 8 5

Et du 10 avec :

- 10 9 8 3
- 10 9 7 3
- D 10 9 4
- A 10 9 8 2

Si le partenaire n'a pas de carte forcée à fournir, il doit débloquer un honneur court ou donner le compte.

1.5. Entame d'une petite carte

1.5.1. Choix de la carte d'entame

- À condition que la couleur comporte un honneur (10 compris) et au moins quatre cartes, on entame de la quatrième meilleure.

Exemple :

R 10 6 **4** 3 D V 8 **4** A R 8 **4** 3

- Si l'on décide d'entamer dans un honneur troisième, on entame de la plus petite carte, comme si l'on en possédait quatre : D 8 **2**. Cette façon de procéder permet au partenaire de l'entameur de connaître la composition de la couleur, au détriment du compte.
- Dans une couleur sans honneur, il faut éviter la confusion avec la quatrième meilleure pour permettre au partenaire de choisir son flanc en connaissance de cause. À cette fin, on entamera d'une grosse carte :
  - Avec trois petites cartes, la plus grosse, et au tour suivant, la seconde : **9** 7 4 (suivi du 7 au second tour)
  - Avec quatre petites cartes, la deuxième meilleure, suivie de la plus petite au second tour : 9 **7** 4 2
  - Avec cinq petites cartes, le choix de la carte d'entame est fonction du contexte. Si l'entameur est certain que sa couleur doit être affranchie – par exemple parce qu'il possède l'essentiel des reprises du camp – il entamera de la quatrième meilleure. Dans les autres cas, il aura intérêt à sélectionner la deuxième meilleure, suivie de la deuxième meilleure restante au tour suivant : 8 **7** 6 5 3, suivi du 6.

1.5.2. La carte à fournir

Le partenaire a, le plus souvent, une carte forcée à fournir et n'a donc pas de problèmes de signalisation. Ceux-ci se posent uniquement si le mort est maître ou si la carte fournie n'a pas d'importance pour le jeu de la couleur.

Le principe est alors extrêmement simple :

- Si l'entame est une quatrième meilleure, il faut **donner le compte.**

Exemples :

♠ **D** 3

♠ 6 ♠ V 8 **2**

Et pas le 8 pour appeler avec le Valet...

♠ D 8 **3**

♠ 6 ♠ 9 4 **2**

Et pas le 9 comme avec 9 2... Le compte sera utile si l'entameur reprend la main le premier en ayant entamé dans R V 7 6 5.

- Si l'entame provient de trois cartes, on appelle ou on refuse.

♠ **R** 3

♠ 8 ♠ D **9** 7 4 2

2. Cartes à jouer, à rejouer et à fournir en cours de jeu

2.1. En attaquant une levée dans une couleur déjà jouée, en particulier par le partenaire

On doit jouer en donnant le compte du nombre des cartes **restantes** («pair-impair du résidu»).
Exemple :

♠ 7 **4**

♠ 3 ♠ D 9 6 **2**

♠ **A**

La première levée s'est déroulée ainsi : 3, 4, Dame, As.
Si Est prend la main, il devra rejouer le 2.
Exception :
Si le mort est singleton dans la couleur d'entame, le partenaire de l'entameur rejoue sa plus forte carte s'il ne possédait pas plus de quatre cartes initialement et s'il n'a plus d'honneur dans la couleur.

Exemple :

♠ 5

♠ 4 ♠ D **9** 8 2

♠ A

La première levée s'est déroulée ainsi : 4, 5, Dame, As
Si Est prend la main, il devra rejouer le 9.

2.2. En attaquant dans une couleur jouée pour la première fois

La règle la plus simple est d'appliquer exactement à la contre entame les règles définies à l'entame. Ce qui signifie qu'on attaquera la couleur selon les règles établies plus haut de la **quatrième meilleure.**

2.3. En fournissant sur une attaque du partenaire

Appeler ou refuser suivant l'intérêt que l'on porte à cette couleur. Si cet intérêt, ou ce manque d'intérêt, est trop manifeste, on donne le compte de la couleur.

2.4. En fournissant sur les cartes jouées par le déclarant

L'habitude est d'indiquer la parité à l'aide de la première carte fournie. Attention : la parité doit être indiquée quand elle est utile au partenaire, pas au déclarant ! En particulier, mieux vaut s'en dispenser si le maniement de la couleur par le déclarant peut être modifié :

Exemple :

♠ R D 10 2

♠ V 9 6 5 ♠ 8 3

♠ A 7 4

Les flancs ne doivent pas indiquer un compte pair de cartes dans la couleur quand Sud joue un petit vers le Roi au premier tour, sous peine d'y voir le déclarant réaliser quatre levées au lieu de trois.

Les appels de préférence peuvent être utilisés à partir de la deuxième levée d'une couleur, la première carte ayant servi à donner l'indication d'appel ou de parité. Le choix des cartes d'une couleur prend une valeur préférentielle :

♠ D 4

♠ A R ♠ 9 7 **3**

♠ 8

Sur l'As, au premier tour, Est fournit le 3 pour indiquer un nombre impair de Piques. Au tour suivant, quand Ouest rejoue le Roi, il a le choix entre le 7 et le 9. Conventionnellement, le 9 indique un intérêt pour la couleur la plus chère des deux restantes, tandis que le 7 montre seulement l'absence d'intérêt pour la couleur la plus chère. Ce qui ne veut pas dire à tout coup un intérêt pour la couleur la moins chère...

3. Les défausses

Les défenseurs devront, en défaussant, transmettre les mêmes renseignements qu'en fournissant.

- La défausse la plus fréquente sera l'indication de la parité.
- Quand il faut aider le partenaire dans le choix de la couleur à rejouer, on utilise l'appel-refus. À Sans-Atout, il est plus souvent utile de **refuser** une couleur que d'appeler dans la couleur où l'on souhaite le retour, pour ne pas se démunir d'une carte qui pourra faire une levée.
- Enfin, quand on défausse dans une couleur dont la composition est connue, on utilise les appels de préférence.

LA SIGNALISATION À L'ATOUT

1. Entame et cartes à fournir sur l'entame

1.1. Entame d'un honneur

L'entame d'un honneur promet en principe l'honneur immédiatement inférieur. Il suffit de deux honneurs consécutifs pour entamer d'un honneur contre un contrat à l'atout.

[A] R 3 [R] D 6 2 [D] V 7 4 [10] 9 3

Le cas d'As-Roi secs constitue la seule exception à cette règle : on entame du Roi avant de rejouer l'As.

Cartes à fournir sur l'entame d'un honneur

La règle générale pour le partenaire de l'entameur est de fournir ses cartes en pair-impair. Il y a cependant quelques exceptions :

Les exceptions sur l'entame de l'As :

- Avec trois petites cartes au mort (maximum Valet troisième), le partenaire de l'entameur appelle s'il souhaite une continuation de la couleur, refuse dans le cas contraire. Il sera donc amené à appeler avec la Dame troisième.
- Avec un singleton au mort, ou si un singleton est connu dans la main du déclarant, la carte fournie sur l'entame est un appel de préférence.

Les exceptions sur l'entame du Roi :

- Avec trois petites cartes au mort, ou avec l'As troisième si le Roi est laissé maître, le partenaire de l'entameur appelle ou refuse. Il est donc amené à appeler avec le Valet troisième, à refuser avec deux petites cartes.
- Si le partenaire de l'entameur possède l'As et s'il y a un singleton au mort ou un singleton connu dans la main du déclarant, la carte fournie sur l'entame est un appel de préférence.

1.2. Entame d'une petite carte

L'entame d'une petite carte contre un contrat à l'atout obéit aux règles du pair-impair :

- On entame de la plus petite carte avec un nombre impair de cartes, quelle que soit la composition de la couleur :

  9 5 [2]   R 6 [2]   D 10 5 4 [3]

- Avec un nombre pair de cartes, on entame la plus forte d'un doubleton. Avec quatre cartes, le choix de la carte d'entame dépend de la présence d'un honneur.
  - Avec quatre cartes sans honneur, on entame de la deuxième meilleure :

    8 [7] 5 3

  - Avec quatre cartes dont au moins un honneur, on entame de la troisième meilleure :

    D 10 [5] 2

- Sur l'entame d'une petite carte, le partenaire de l'entameur, quand il a le choix, doit lui aussi fournir en pair-impair.

2. Cartes à jouer, à rejouer et à fournir en cours de jeu

Les principes valables à Sans-Atout le restent contre un contrat à l'atout.

Dans une couleur déjà jouée, on doit rejouer en pair-impair du résidu. Dans une couleur qui n'a pas encore été jouée, on doit l'attaquer comme si on l'entamait, donc en utilisant les règles du pair-impair.

En fournissant, on privilégiera l'indication de pair-impair, sauf s'il y a urgence à encaisser des levées. On utilisera alors l'appel-refus.

Enfin, au deuxième tour d'une couleur, on pourra utiliser la technique des appels de préférence.

Le maniement de la couleur d'atout présente, lui, quelques particularités.

Cartes à fournir dans la couleur d'atout

Les défenseurs n'ont pas toujours le choix de la carte d'atout qu'ils doivent fournir. Ils peuvent cependant se servir de cette couleur particulière pour transmettre des renseignements.

- Quand le compte des atouts est important, on le donne en pair-impair inversé. Ce qui signifie qu'on fournit la plus petite d'un doubleton ou avec quatre atouts, l'intermédiaire avec trois cartes. Cette façon de procéder évite de devoir gaspiller des cartes jouantes avec deux cartes (pas question, par exemple, de fournir le Valet avec le Valet second).
- Quand l'un des deux joueurs de la défense veut montrer un désir de coupe, il peut faire un écho (= un appel) à l'atout.
- Enfin, dans les cas où les deux renseignements précédents n'ont manifestement aucun intérêt, l'ordre dans lequel on fournira deux ou trois petits atouts prend le sens d'un appel de préférence.

3. Les défausses

En défaussant, le système de signalisation utilisé est le même qu'à Sans-Atout : pair-impair (le plus souvent), appel direct, appel de préférence. Notons simplement que dans les cas où il importe d'encaisser rapidement des levées, il est souvent plus efficace et plus clair d'avoir recours à l'appel direct qu'au refus indirect...

ENTAME DANS LA COULEUR DU PARTENAIRE

À l'atout comme à Sans-Atout, les règles qui président au choix de la carte d'entame dans une couleur annoncée par le partenaire sont les mêmes : on entame en pair-impair sans séquence d'honneurs, en tête de séquence si on possède deux honneurs consécutifs dans la couleur.

Plus précisément :

- On entame de l'honneur le plus élevé avec deux honneurs consécutifs, quel que soit le nombre de cartes dans la couleur :

  D V 6 3 **V** 10 4 **10** 9 4

- On entame de la plus petite carte avec un nombre impair de cartes, quelle que soit la composition de la couleur :

  9 5 **2** R 6 **2** D10 5 4 **3**

- Avec un nombre pair de cartes, on entame la plus forte d'un doubleton. Avec quatre cartes, le choix de la carte d'entame dépend de la présence d'un honneur.
  - Avec quatre cartes sans honneur, on entame de la deuxième meilleure :

    8 **7** 5 3
  - Avec quatre cartes dont au moins un honneur, on entame de la troisième meilleure :

    D 10 **5** 2

Quatrième partie : notions d'éthique et d'arbitrage

La méconnaissance des règles du bridge est source fréquente d'erreurs et d'incorrections qui, pour être involontaires, n'en sont pas moins réelles. Si elles ne sont pas corrigées sans passion, elles finissent par créer un mauvais climat à la table.

Voici ce que tout bridgeur devrait savoir.

La courtoisie

Ne pas oublier de saluer ses adversaires en arrivant et en quittant la table - Rester toujours courtois.

Il ne s'agit pas seulement ici de politesse. Certains joueurs peuvent être facilement déstabilisés et il ne serait pas très glorieux de les voir ainsi chuter un coup sur table.

L'appel à l'arbitre

L'arbitre a la charge de permettre au jeu de se dérouler normalement et selon les règles et éventuellement de rétablir l'équité.

L'arbitre est donc un allié et non un ennemi.
La meilleure chose à faire est d'appeler l'arbitre, quand on constate une irrégularité à la table.
C'est de loin le meilleur moyen de calmer les esprits.

Aucun joueur à la table, si bien classé soit-il, n'a le droit de faire sa propre police.

Si on pense qu'il y a eu faute de la part d'un adversaire, appeler l'arbitre calmement, sans préjuger de sa décision. L'arbitre est là pour expliquer à tout le monde un règlement complexe et ce n'est pas parce qu'il peut arriver qu'une enchère soit «invalidée» par l'arbitre à cause d'une hésitation que cette sanction est systématique, loin de là !

Durant les enchères

Le carton STOP.

Il doit être posé sur la table avant toute enchère à saut susceptible de gêner l'adversaire de gauche (une ouverture de barrage, par exemple). Il faut le laisser visible pendant environ dix secondes, pendant lesquelles l'adversaire doit réfléchir ou faire semblant de réfléchir. Ainsi, lorsque le carton stop est retiré et que ce joueur passe, personne ne sait s'il a du jeu ou 0 point 4-3-3-3. S'il enchérit, personne ne sait si son enchère est «évidente» ou pas.

L'alerte

Toute déclaration ayant fait l'objet d'un agrément entre partenaires et qui risque de ne pas être comprise par le camp adverse doit être alertée, même si elle est naturelle. Lorsque une enchère est alertée, il faut s'assurer que les adversaires l'ont bien remarqué.

Le «défaut d'alerte» n'est pas forcément pénalisable.

Il n'est rien de plus détestable que des adversaires qui cherchent à «grappiller» des points sous prétexte qu'une quatrième couleur ou un cue-bid n'a pas été alerté. En fait, le défaut d'alerte n'est gênant que s'il prive un adversaire d'une éventuelle déclaration, s'il l'induit en erreur au jeu de la carte ou si une paire joue une convention peu répandue. Bien entendu, il ne faut pas en profiter pour «oublier» volontairement d'alerter !

Il est parfaitement interdit de faire remarquer à son partenaire qu'il a oublié d'alerter.

Que ce soit en parlant... ou au moyen de mimiques plus ou moins expressives !

Il est également interdit de donner spontanément l'explication d'une enchère que l'on vient d'alerter.

C'est aux adversaires de poser la question et ils peuvent parfaitement décider que leur intérêt est d'attendre la fin de la séquence !

Il n'est pas pénalisable de se tromper d'enchère (d'oublier une convention, par exemple).

Il arrivera ainsi que le camp «non fautif» soit ainsi lésé, sans pouvoir se défendre. En revanche, une mauvaise explication conduit très souvent vers une rectification du score. C'est la feuille de convention de la paire qui permettra à l'arbitre de trancher : faute d'application ou d'explication ?
C'est parfois injuste, mais c'est ainsi.

Quand un joueur a lâché un mauvais carton sur la table par inadvertance et qu'il est trop tard pour le reprendre, il ne faut en aucun cas le dire ou le signaler d'une quelconque façon : cela ne ferait qu'empirer les choses.

Parfois, la chance transformera la maladresse en top. Les adversaires seront dépités, mais n'auront d'autre recours que de pleurer sur leur malchance !

A la première position, il est interdit de rebattre une donne où tout le monde a passé.

Les critères d'ouverture en troisième ou en quatrième ne sont pas les mêmes pour tout le monde. Par ailleurs, lorsque cette pratique est fréquente dans un club, un joueur muni de 10 points en quatrième peut en déduire qu'au moins l'un de ses commensaux a ouvert la main (le premier !).

Durant le jeu de la carte

Tabler son jeu est parfaitement légal.

Il s'agit même d'une procédure recommandée, puisqu'elle gagne du temps et évite de la fatigue inutile à tout le monde. Si l'adversaire table, le jeu s'arrête : on ne peut l'obliger à continuer à jouer, c'est formellement interdit par le code. En revanche, il est possible de contester ses conclusions et d'en référer à l'arbitre. S'il existe une possibilité raisonnable que le camp opposé fasse encore une levée, l'arbitre l'accordera.

Lorsque l'on a «tout maître», il est parfaitement incorrect de continuer à jouer, histoire de faire réfléchir ses adversaires pour rien. Il faut éviter tout de même de tabler s'il reste des atouts dehors, alors que l'on n'a pas la main... et dans le cas contraire, il faut préciser qu'on purge les atouts avant toute chose.

Un joueur de flanc ou le déclarant a toujours le droit de «bloquer» le jeu de la carte, en refusant de retourner sa carte.

Les autres joueurs devront alors attendre son bon vouloir pour passer à la levée suivante, en laissant eux aussi leur propre carte face visible.

Un joueur peut ainsi réfléchir à la suite du coup et anticiper ses problèmes, ce qui peut lui éviter ultérieurement des hésitations révélatrices ou qui pourraient transmettre un renseignement de façon illicite.

Mis à part le cas où un joueur hésiterait volontairement, sans aucune raison et dans l'unique but d'induire l'adversaire en erreur, il n'est jamais illicite de réfléchir, que ce soit à l'enchère ou à la carte. Ce qui est interdit, c'est que le partenaire utilise l'information ainsi obtenue...

... ce qui change tout ! Le bridge est un jeu de réflexion. A la table, il y a souvent des problèmes difficiles (et donc longs) à résoudre. Ce qu'il ne faut pas faire, c'est produire une enchère (ou une carte) que l'on n'aurait certainement pas faite (ou jouée) si le partenaire n'avait pas hésité.

A la fin du coup, chaque joueur doit laisser ses cartes bien en ordre devant soi, jusqu'à accord des deux paires sur le résultat.

A défaut, l'arbitre ne pourrait plus vérifier si une renonce a bien eu lieu, par exemple.

L'étui doit rester sur la table, sans bouger, de la première enchère à la dernière carte jouée.

Non seulement on évite ainsi les inversions, mais il y a aussi sur l'étui des renseignements utiles. Pendant le jeu de la carte, un joueur peut avoir besoin de savoir qui était donneur (exemple de réflexion, chez Sud : si Ouest a passé d'entrée, il n'a pas le Roi de Carreau, car je lui ai déjà vu 10 points...). Or, si Sud est obligé d'aller chercher l'étui sur le guéridon, il transmet un renseignement à son partenaire d'une façon illicite. Celui-ci va se demander pourquoi il a besoin de l'étui... et il aboutira aux mêmes conclusions !

Il est illicite de chercher à regarder les cartes d'un jeu qui n'est pas le sien. De même, il est incorrect de chercher à voir d'où un joueur extrait la carte jouée de son jeu.

Si, par accident, on a connaissance d'une carte étrangère à son jeu, il est illicite d'en profiter et l'arbitre doit être appelé.

Entamer toujours à carte retournée, en attendant l'assentiment général...

... pour éviter d'entamer «hors tour» et laisser au partenaire le temps d'obtenir un éclaircissement sur la séquence, sans que sa question puisse être interprétée comme une «suggestion d'entame».

Mettre plusieurs secondes avant d'appeler la première carte du mort, même s'il s'agit d'un singleton !

Cela permet ainsi à l'adversaire de droite de résoudre un éventuel problème. Il pourra ensuite fournir sa carte à un rythme normal, sans transmettre d'information illicite à son partenaire. Si le déclarant a joué trop vite du mort, il peut perdre ses droits à réclamer.

Chacun doit jouer à son tour, sans jamais préparer sa carte.

Là encore, il y aurait transmission illicite d'information, du genre : «cela m'est égal que le mort passe un petit ou le Valet, je fournirais toujours la même carte : s'il s'avère ensuite qu'il s'agit d'une petite, le partenaire pourra en déduire que l'on ne possède aucun honneur dans la couleur, par exemple».

En flanc, il ne faut pas s'étonner d'une coupe ou d'une défausse du partenaire.

C'est le célèbre «pas de..., partenaire ?» qu'il est interdit de prononcer.

Le mort est mort pendant le coup, mais il redevient bien vivant à la fin et peut alors signaler une irrégularité qu'il aurait été le seul à remarquer. En cours de jeu, il peut néanmoins intervenir, s'il pense que son partenaire est en train de commettre une renonce ou s'il joue de la mauvaise main.

Bon à savoir.

Ce n'est pas parce que l'on commet une faute que l'on est obligatoirement sanctionné.

C'est en effet à l'arbitre de juger si le camp adverse a été lésé dans l'opération. Si ce n'est pas le cas (et même parfois si c'est le cas !), il n'y aura peut-être pas de pénalité.

Maintenant, on peut fermer les yeux et rêver à un tournoi où tout le monde serait courtois, détendu (bien que concentré) et se laisserait guider par un irréprochable sens de l'éthique et le respect de la beauté du jeu... le paradis ?

TABLE DES MATIÈRES